高职院校建设规划教材

汽车修配工具与检测设备

张宪辉　主　编
王爱阳　副主编

·北京·

本书全面详细地介绍了汽车拆装用扭力工具、汽车修配常用钳工工具、汽车修配专用工具、汽车修配常用量具、汽车常用检测仪器与设备等内容。全面系统地讲解了各种汽车修配工具和检测仪器、设备的种类、结构、功用、使用方法及注意事项等。

本书适用于汽车检测与维修技术、汽车制造与装配技术、汽车维修工程、汽车服务工程等汽车相关专业的工科院校广大师生从事实践教学和训练使用，也可作为相关人员的培训教材，并可供汽车修配行业的技术人员参考使用。

图书在版编目（CIP）数据

汽车修配工具与检测设备/张宪辉主编. —北京：化学工业出版社，2016.1（2018.9重印）
国家示范性高职院校建设规划教材
ISBN 978-7-122-25798-7

Ⅰ.①汽… Ⅱ.①张… Ⅲ.①汽车-检测-车辆维修设备-高等职业教育-教材 Ⅳ.①U472.9

中国版本图书馆CIP数据核字（2015）第292101号

责任编辑：韩庆利　　　　　　　　　　　文字编辑：张绪瑞
责任校对：王素芹　　　　　　　　　　　装帧设计：史利平

出版发行：化学工业出版社（北京市东城区青年湖南街13号　邮政编码100011）
印　　装：高教社（天津）印务有限公司
787mm×1092mm　1/16　印张 9¾　字数 240 千字　2018 年 9 月北京第 1 版第 2 次印刷

购书咨询：010-64518888（传真：010-64519686）　售后服务：010-64518899
网　　址：http://www.cip.com.cn
凡购买本书，如有缺损质量问题，本社销售中心负责调换。

定　价：25.00 元　　　　　　　　　　　　　　　　　　　　　版权所有　违者必究

前言

随着汽车工业的日新月异，我国汽车维修企业也得到了积极的推动和发展。原先简单、落后的修配工具和设备已经无法满足现代汽车检测维修工作的需要。现今的汽车维修技术人员不仅需要掌握汽车基本修配工具的使用方法，还要具备使用现代汽车专用工具和检测仪器设备的能力。这就要求汽车维修技术人员对其工作领域所涉及的修配工具和检测设备能够做到：

（1）了解工具的功能。
（2）了解工具使用的正确方法。
（3）正确选择工具。
（4）力争工具使用安排有序。
（5）严格坚持工具的维护和管理。

要熟练地操作使用这些现代化的修配工具和检测设备，技术人员必须要经过严格的培训，以掌握正确的使用方法。正是为了这一目的，编者着手编写了本书。

本书共分五章，包括：汽车拆装用扭力工具、汽车修配常用钳工工具、汽车修配专用工具、汽车修配常用量具、汽车检测仪器与设备等。由于本书的侧重点在工具设备的应用方面，因此本书重点介绍了各类工具、仪器、设备的功能、种类、使用方法与技巧、注意事项等内容。

本书可作为大专院校及职业技术院校汽车相关专业的教材，也可作为相关人员的培训教材，还可作为相关专业教师和汽车维修技术人员的参考用书。本书由大连职业技术学院张宪辉主编（编写第一、三、五章），王爱阳副主编（编写第二章），赵伟章、韦倾、姚杰等参编（编写第四章）。

由于编者水平有限，加之时间仓促，书中不当及疏漏之处在所难免，恳请广大读者批评指正。

编　者

目录

第一章 汽车拆装用扭力工具 … 1

第一节 概述 … 1
一、扳手的类型 … 1
二、扳手的选用原则 … 1

第二节 套筒扳手类工具 … 2
一、套筒 … 2
二、套筒接合器 … 4
三、万向接头 … 5
四、接杆 … 6
五、手柄 … 7
六、动力扳手 … 12

第三节 其他常用扳手类工具 … 14
一、梅花扳手 … 14
二、开口扳手 … 15
三、两用扳手 … 16
四、活动扳手 … 17
五、内六角扳手 … 18

第二章 汽车修配常用钳工工具 … 19

第一节 钳子 … 19
一、钢丝钳 … 19
二、尖嘴钳 … 20
三、鲤鱼钳 … 22
四、斜口钳 … 22
五、大力钳 … 23
六、水泵钳 … 23
七、卡簧钳 … 24
八、剥线钳 … 25
九、台虎钳 … 25

第二节 螺丝刀 … 27
一、一字螺丝刀 … 28
二、十字螺丝刀 … 29

三、梅花螺丝刀 ……………………………………………………… 29
　　　四、冲击螺丝刀 ……………………………………………………… 30
　第三节　锤子 …………………………………………………………… 30
　　　一、圆头铁锤 ………………………………………………………… 31
　　　二、软面锤 …………………………………………………………… 33
　第四节　手锯 …………………………………………………………… 34
　　　一、手锯的构造 ……………………………………………………… 34
　　　二、手锯的使用 ……………………………………………………… 35
　第五节　锉刀 …………………………………………………………… 39
　　　一、锉刀的结构 ……………………………………………………… 39
　　　二、锉刀的分类 ……………………………………………………… 40
　　　三、锉刀的规格 ……………………………………………………… 41
　　　四、锉刀的使用 ……………………………………………………… 41
　第六节　錾子 …………………………………………………………… 45
　　　一、錾子的类型 ……………………………………………………… 46
　　　二、錾子的使用 ……………………………………………………… 46
　第七节　丝锥和板牙 …………………………………………………… 47
　　　一、丝锥 ……………………………………………………………… 47
　　　二、板牙 ……………………………………………………………… 51

第三章　汽车修配专用工具　55

　第一节　活塞环装配专用工具 ………………………………………… 55
　　　一、活塞环拆装钳 …………………………………………………… 55
　　　二、活塞环压缩器 …………………………………………………… 55
　第二节　气门修配专用工具 …………………………………………… 57
　　　一、气门弹簧钳 ……………………………………………………… 57
　　　二、气门油封钳 ……………………………………………………… 58
　　　三、气门铰刀 ………………………………………………………… 58
　第三节　机油滤清器拆装专用工具 …………………………………… 60
　　　一、杯式机油滤清器扳手 …………………………………………… 60
　　　二、钳式机油滤清器扳手 …………………………………………… 61
　　　三、环式机油滤清器扳手 …………………………………………… 61
　　　四、三爪式机油滤清器扳手 ………………………………………… 61
　　　五、链式机油滤清器扳手 …………………………………………… 61
　　　六、带式机油滤清器扳手 …………………………………………… 62
　　　七、机油滤清器扳手使用注意事项 ………………………………… 62
　第四节　底盘拆装专用工具 …………………………………………… 62
　　　一、减振器弹簧压缩器 ……………………………………………… 62
　　　二、球头分离器 ……………………………………………………… 64
　　　三、拉拔器 …………………………………………………………… 64

第四章 汽车修配常用量具 … 66

第一节 尺式量具 … 66
- 一、钢直尺 … 66
- 二、钢卷尺 … 67
- 三、塞尺 … 68
- 四、游标卡尺 … 69
- 五、外径千分尺 … 71
- 六、轮胎花纹深度尺 … 76

第二节 指示式量具 … 77
- 一、百分表 … 77
- 二、量缸表 … 79

第五章 汽车检测仪器与设备 … 83

第一节 压力测量仪表 … 83
- 一、真空度表 … 83
- 二、汽缸压力表 … 85
- 三、机油压力表 … 87
- 四、燃油压力表 … 88
- 五、自动变速器油压表 … 89
- 六、排气背压表 … 90
- 七、冷却系统压力测试仪 … 92
- 八、空调压力表 … 94

第二节 电气测量设备 … 98
- 一、汽车专用万用表 … 98
- 二、钳形电流表 … 103
- 三、测电笔 … 104
- 四、高率放电计 … 105
- 五、汽车专用示波器 … 106

第三节 其他检测设备 … 120
- 一、冰点密度计 … 120
- 二、红外测温仪 … 121
- 三、尾气分析仪 … 123
- 四、车轮动平衡机 … 137
- 五、四轮定位仪 … 139

参考文献 … 150

第一章 汽车拆装用扭力工具

第一节 概述

一、扳手的类型

扳手是汽车修配作业中最为常用的一类工具,主要用于扭转螺栓、螺母或带有螺纹的零件。如果扳手选用不当或使用不当,不但会造成工件和扳手损坏,还可能引发危及人身安全方面的事故。因此,正确地选用和使用扳手显得尤为重要。扳手种类繁多,常见的有套筒扳手、梅花扳手、开口扳手、组合扳手、活动扳手等,如图1-1-1所示。

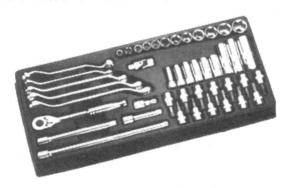

图1-1-1 汽车修配常用扳手

二、扳手的选用原则

在拆卸螺栓时,应按照"先套筒扳手、后梅花扳手、再开口扳手、最后活动扳手"的选用原则进行选取,如图1-1-2所示。

在选用扳手时,要注意扳手的尺寸,尺寸是指它所能拧动的螺栓或螺母正对面间的距离。例如扳手上标示有17mm,即表示此扳手所能拧动螺栓或螺母棱角正对面间的距离为17mm。

现在常见的工具都有公制、英制两种尺寸单位。公制和英制之间的换算关系为:1mm=0.03937in。禁止使用一种单位关系系统的扳手旋动另外一种单位系统的螺栓或螺母,例如，不能使用英制单位的扳手去松紧公制单位的螺栓或螺母。

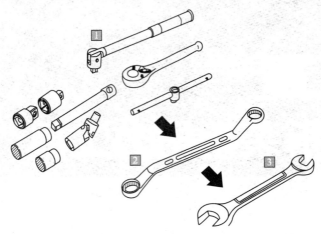

图 1-1-2　扳手的选用顺序

课后练习题

在拆卸螺栓选用扳手时，应遵循什么原则？

第二节　套筒扳手类工具

套筒扳手主要由套筒、接杆、万向接头、手柄等几部分组成。

一、套筒

1. 认识

套筒呈短管状，一端内部呈六角形或双六角形（十二角形），用来套住螺栓头；另一端有一个正方形的头孔，该头孔用来与配套手柄的方榫配合。套筒按其规格和类型分为以下几种：

（1）按照套筒的长短尺寸可分为短套筒、长套筒。

（2）按照套筒钳口尺寸的大小可分为小型套筒、中型套筒、大型套筒和重型套筒，大套筒可以承载比小套筒更大的扭矩，如图 1-2-1 所示。不同大小规格的套筒其尾端的方形接口大小也各不相同，如图 1-2-2 所示。

（3）按照套筒钳口规格尺寸所遵循的标准，可分为公制和英制两种；公制用毫米（mm）表示，如 8mm、10mm、12mm、14mm、17mm、19mm、21mm 等；英制用英寸（in）表示，如 1/4in、3/8in、1/2in 等。

（4）根据钳口形状分类，套筒分为双六角形和六角形，如图 1-2-3 所示。六角形套筒的六角部分与螺栓/螺母的表面有很大的接触面，这样就不容易损坏螺栓/螺母的表面，而双六角型套筒与螺栓/螺母的接触面较小，容易损坏螺栓的棱角或出现滑脱产生安全事故，所以

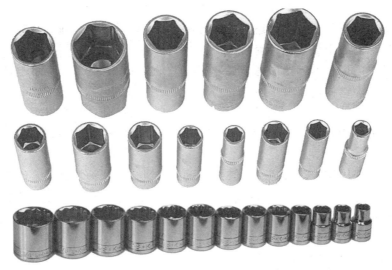

图 1-2-1 套筒的大小、长短分类

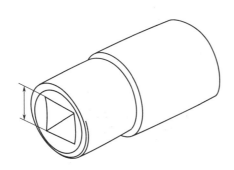

(a) 大尺寸套筒　　　　(b) 小尺寸套筒

图 1-2-2 套筒的大小分类

图 1-2-3 双六角形和六角形套筒

E形(沉头-套筒)　　T形(柱头)

图 1-2-4 花形套筒的标识

不能拆卸大扭矩或棱边已经磨损的螺栓，但由于其各角之间只间隔30°，可以很方便找到合适的角度套住螺栓，因此适合于在狭窄的空间中拆卸螺栓。

在按套筒的钳口形状分类中，还有一种特殊形状的套筒，称作花形套筒。根据内孔夹角数分为六角花形套筒或十二角花形套筒。

花形套筒是专门用来拆卸花形螺栓头螺栓的。在拆卸时，花形套筒可与这种螺栓头实现面接触，并采用曲面结构，在缩小体积的同时可增加拆卸扭矩。

在花形套筒的尺寸标示中，首先是"T"和"E"的区分，然后才是尺寸数字的区别。花形套筒被称为 E 形（沉头），而花形旋具头被称为 T 形（柱头），如图 1-2-4 所示。

2. 作用

套筒是套筒扳手的核心组成部件，其规格尺寸和钳口形状种类繁多，能够满足不同工作空间大小、扭矩和螺栓/螺母尺寸等的要求，具有更换方便、使用灵活、安全的优点，且不易损坏螺母的棱角。

3. 使用方法

套筒必须要和与之配套的扭力手柄、连接杆等配合使用，如图 1-2-5 所示。在选用套筒时，应注意以下事项：

（1）应根据工作空间大小、扭矩要求和螺栓/螺母的尺寸等条件来选用合适的套筒。

（2）不能使用小规格套筒去拧紧大扭矩螺栓/螺母。

（3）不能使用双六角形套筒去拧紧棱角已经磨损的螺栓/螺母。

图 1-2-5　套筒的使用方法

二、套筒接合器

1. 认识

套筒接合器也叫套筒转换接头。转换接头有两种，一种是"小"→"大"，另外一种是"大"→"小"，如图 1-2-6 所示。

2. 作用

套筒接合器的功用就是将现有的不同尺寸规格的手柄和套筒配合使用。例如 10mm 系列的手柄接 12.5mm 系列的套筒或者 12.5mm 系列手柄接 10mm 系列套筒等都需要转换接头。如图 1-2-6 所示。

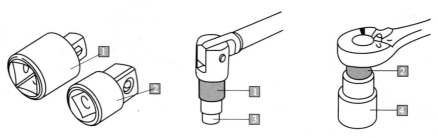

1 套筒接合器（大→小）　2 套筒接合器（小→大）　3 小尺寸套筒　4 大尺寸套筒

图 1-2-6　套筒接合器的类型和作用

3. 使用方法

将套筒接合器的凸出端与套筒连接,将另一端(方孔端)与扭力手柄连接,从而实现不同尺寸规格的手柄和套筒能够配合使用。

套筒接合器在使用过程中,必须要控制扭矩的大小,因为套筒和手柄经过转换后,不是同一尺寸范围,如果按照原来的尺寸施加力矩,就会损坏套筒或手柄。所以要以小尺寸工具(套筒或手柄)所能承受的力矩大小为力矩施加的上限。如图 1-2-7 所示。

图 1-2-7 使用套筒接合器应注意施加力矩的大小

图 1-2-8 万向接头

三、万向接头

1. 认识

万向接头如图 1-2-8 所示,其结构与前置后驱汽车传动轴使用的万向节基本相同,方形套头部分可以前后或左右移动。

2. 作用

通常套筒扳手与配套手柄是垂直连接的,但车辆上很多地方套筒是无法伸入的,这时候使用万向接头将会提供最大的方便。万向接头主要用于连接配套手柄和套筒,实现手柄和套筒之间的角度自由变化,它可以提供比可弯式接头更大的变向空间。如图 1-2-9 所示。

图 1-2-9 万向接头的作用

3. 使用方法

使用万向接头时,不要使手柄倾斜较大角度来施加扭矩,如图 1-2-10 所示。应尽可能在接近垂直状态下使用,因为偏角过大会使扭矩的传递效率降低。使用气动工具时严禁使用万向节,因为球节由于不能吸收旋转摆动会发生脱开情况,造成工具、零件或车辆损坏,甚至造成人身伤害。

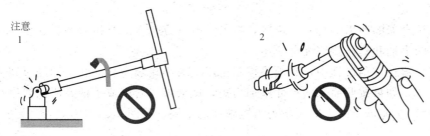

图 1-2-10 万向接头的使用方法

四、接杆

1. 认识

接杆也称延长杆或加长杆,如图 1-2-11 所示,是套筒类成套工具不可缺少的一部分。日常汽车维修工作中,有 75mm、125mm、150mm 和 250mm 等不同长度的接杆供选用,即我们常说的长接杆和短接杆。

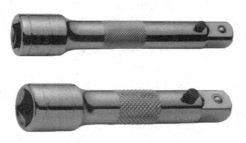

图 1-2-11 接杆

2. 作用

接杆的主要作用是加装在套筒和配套手柄之间,用于拆卸和更换装得很深,仅凭套筒和手柄无法接触的螺栓、螺母。另外,在拆卸平面上的螺栓、螺母时,工具会紧贴在操作面上,妨碍正常拆卸,甚至会产生安全事故。接杆可将工具抬离平面一定高度,便于操作,如图 1-2-12 所示。

有的接杆经过改进后具有特殊功能,如转向接杆和锁定接杆等。所谓转向接杆,是指普通接杆与套筒连接的方榫部,经过改进再装上套筒后,会产生 10°左右的偏角,因而使用非常方便。锁定接杆是指接杆具有套筒锁止功能。也就是说,在使用过程中再也不用为套筒或万向节接头的掉落而烦恼了。注意禁止把接杆当冲子使用。

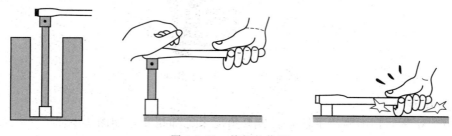

图 1-2-12 接杆的作用

3. 使用方法

根据作业空间的实际情况,选用合适规格的接杆,将接杆加装在套筒和配套手柄之间,拆卸位置较深的螺栓、螺母。

五、手柄

套筒手柄是装在套筒上用于扳动套筒的配套手柄,如果没有配套手柄,套筒将无法独立工作。常见的套筒手柄有滑杆、旋转手柄、快速摇杆、棘轮手柄、扭力手柄、T形手柄等种类。

1. 滑杆

(1) 认识　滑杆也称滑动T形杆,是套筒专用配套手柄,如图1-2-13所示。

图 1-2-13　滑杆

滑杆由滑动手柄(即横杆部)和滑动方榫两部分组成,滑动方榫可以在滑动手柄滑动调节,如图1-2-14所示。

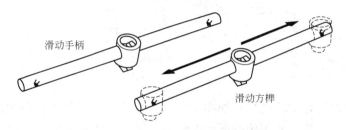

图 1-2-14　滑杆的结构

(2) 作用　滑杆是与套筒配套使用的专业手柄之一,通过调节滑动方榫在滑动手柄上的位置,可以实现L形扳手和T形扳手的结构,并实现与之相同的功能。

(3) 使用方法　通过滑动方榫部分,滑杆可以有两种使用方法,如图1-2-15所示。将方榫调整到滑动手柄的一端,形成L形结构,从而增加力矩,达到拆卸或紧固螺栓的目的,与L形扳手类似。将方榫调整到滑动手柄的中部位置,形成T形结构,两只手同时用力,可以增加拆卸速度,但需要较大的工作空间。

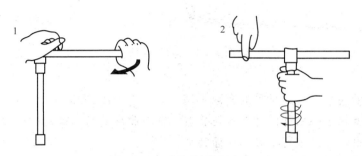

图 1-2-15　滑杆的使用方法

2. 旋转手柄

(1) 认识　旋转手柄也称摇头手柄或扳杆,如图1-2-16所示。

图 1-2-16　旋转手柄

（2）作用　旋转手柄可用于拆下或更换要求大扭矩的螺栓或螺母，也可在调整好手柄后进行迅速旋转。

（3）使用方法　一般的固定式手柄较长，很难在狭窄空间下使用，而旋转手柄头部可以作铰式移动，这样可以根据作业空间要求调整手柄的角度进行使用。如图 1-2-17 所示。

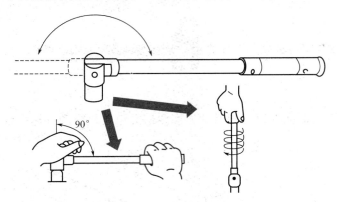

图 1-2-17　旋转手柄的使用方法

3. 快速摇杆

（1）认知　快速摇杆俗称摇把，如图 1-2-18 所示，是旋动螺母最快的配套手柄。

（2）作用　快速摇杆主要用于拧下已经松动的螺母，或者把螺母快速旋上螺栓，但不能在螺母上施加太大的扭矩。

（3）使用方法　使用快速摇杆时，左手握住摇杆端部，并保持摇杆与所拆卸螺栓同轴，右手握住摇杆弯曲部，迅速旋转。使用快速摇杆时，握摇杆的手不可摇晃，以免套筒滑出螺栓或螺母，产生安全事故。

图 1-2-18　快速摇杆

4. 棘轮手柄

（1）认识　棘轮手柄是最常见的套筒手柄，如图 1-2-19 所示。

（2）作用　棘轮手柄头部设计有棘轮装置，在不脱离套筒和螺栓的情况下，可实现拧紧和松开方向的调整，并能进行单方向快速转动。

（3）使用方法　通过调整棘轮装置上的锁紧机构可改变棘轮手柄的旋转方向：将锁紧机构手柄调到左边，可以单向顺时针拧紧螺栓或螺母；将锁紧机构手柄调到右边，可以单向逆时针松开螺栓或螺母，如图 1-2-20 所示。

图 1-2-19 棘轮手柄

图 1-2-20 棘轮锁紧机构调整方法
1—顺时针拧紧；2—逆时针松开

利用棘轮装置，棘轮手柄能够在不同角度范围内快速往复进行螺栓或螺母的拧紧、松开作业，特别适合在作业面较小的场合使用。如图 1-2-21 所示。

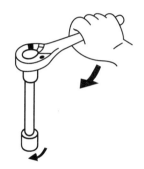
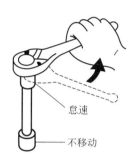

图 1-2-21 棘轮手柄的使用方法

棘轮手柄使用方便但不够结实，因此不能使用棘轮扳手对螺栓或螺母进行最后的拧紧，另外，严禁对棘轮手柄施加过大的扭矩，否则会损坏内部的棘爪结构，如图 1-2-22 所示。

有的棘轮手柄设计有套筒锁止及快速脱落功能，可防止在使用过程中套筒或接杆脱落，只需单手操作即可。使用时，按下锁定按钮，将套筒头套入棘轮手柄的方榫中，松开锁定按钮，套筒即被锁止，如再次按下锁定按钮，即可解除套筒锁定。如图 1-2-23 所示。

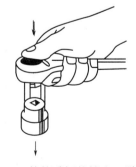

图 1-2-22 棘轮手柄的施加扭矩不能过大　　图 1-2-23 棘轮手柄的锁止、脱落功能

5. 扭力扳手

（1）认识　扭力手柄通常也称扭力扳手，是一种在手柄上能够指示扭力值的、与套筒配套使用的手柄工具。主要有指针式和预置力式两种，如图 1-2-24 所示。

（2）作用　扭力扳手主要用于有规定扭矩值的螺栓和螺母的装配，如汽缸盖、连杆、曲

(a) 指针式扭力扳手　　　　　(b) 预置力式扭力扳手

图 1-2-24　扭力扳手的类型

轴主轴承等处的螺栓。

（3）使用方法　扭力扳手的结构和使用方法如图 1-2-25 所示。

① 指针式扭力扳手的使用方法　指针式扭力扳手结构相对比较简单，其力臂由单片板簧构成，在拧紧螺栓或螺母时，板簧变形，利用该变形，拧紧力矩直接显示在靠近扳手手柄的地方，即通过刻度盘读出。

指针式扭力扳手的具体使用方法如下：

a. 检查零位。在使用指针式扭力扳手前，应检查指针正确无误地指向零位，如图 1-2-23 所示。

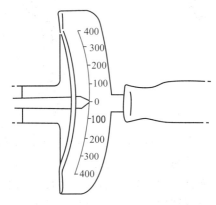

图 1-2-25　检查指针指向零位

b. 选择套筒。必须使用与螺栓或螺母尺寸适合的套筒，使用扭力扳手时，要用手握住套筒结合处，保证扳手和套筒不会脱离。

c. 正确操作。用扭力扳手测量扭矩时，必须使枢轴把手与板簧分离，如果它们相互接触就会造成扭矩读数不准。在进行拧紧操作时，应握紧扭力扳手的把手，向自己的方向用力；拉把手的方向应与力臂的方向成直角。如图 1-2-26 所示。

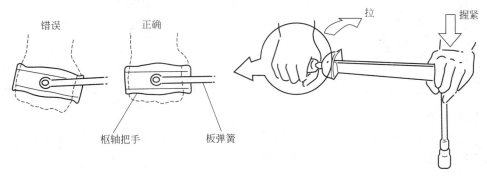

图 1-2-26　指针式扭力扳手的操作方法

汽车维修中常用的指针式扭矩扳手的规格为 300N·m。

② 预置力式扭力扳手的使用方法 预置力式扭力扳手的设计原理是通过将手柄端部的套筒转动到所需的刻度可以预先设定扭矩,这样在拧紧过程中,操作人通过声音和手感就能知道已经到达预设扭矩。

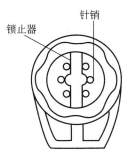

图 1-2-27 预置力式扭力扳手的锁止机构

预置力式扭力扳手的具体使用方法如下:

a. 设定扭矩。将锁止器移到左侧释放副刻度;转动副刻度设定扭矩(主副刻度盘组合使用);将锁止器移到右侧锁住副刻度(如果针销碰到锁止器请重新定位),如图 1-2-27 所示。

b. 将扭力手柄与套筒连接。

c. 将套筒套入螺栓头螺母。

d. 顺时针转动扭力扳手紧固螺栓。

e. 听到咔嗒声停止用力。

下面举例说明预置力式扭力扳手的调整使用。例如,将预置力式扭力扳手设定 36N·m 的扭矩,具体操作如下:

a. 读取主刻度,同时转动副刻度直到主刻度上的 30N·m 接近刻度基准线,将副刻度上的 0 位与副刻度窗口对齐,这样扭矩就设定为 30N·m。

b. 读取副刻度,同时顺时针转动直到副刻度上的 6 与副刻度窗口对齐,此时扭矩设定为 36N·m。如图 1-2-28 所示。

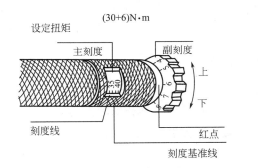 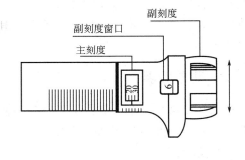

图 1-2-28 预置力式扭力扳手扭力的设置方法

使用预置力式扭力扳手,应注意以下事项:

a. 不要超过扳手的刻度量程。

b. 设定的扭矩不要低于最小扭矩量程。

c. 保证使用前扭力扳手设置正确。

d. 使用前确认设定的扭矩单位正确(kgf·cm,kgf,N·m 等)。

e. 不要用钳子锁止副刻度,否则将损坏锁止机构使精度降低。

f. 握持位置不正确会影响测量精度,在压花面上有一条线用以指示有效长度。

g. 感觉有咔嗒震动时应停止用力,如果继续用力会导致扭矩过大。

h. 用力方向必须与扭力扳手成直角(误差为 +/-15° 范围内),此误差在垂直和水平方向上都适用。

i. 每次使用后以及存放扭力扳手前,必须清除污物,如灰尘、泥土、油污和水等。

j. 如果长时间存放扭矩扳手,必须将扭矩设定为最小值,涂上防锈油,在干燥处保存。

如果存放方式不正确，扳手的精度和使用寿命会迅速减小。

6. T形套筒

（1）认识　T形手柄形状如T形，由于套筒通常与T形手柄做成一体，所以常把T形手柄称作T形套筒，如图1-2-29所示。

图1-2-29　T形套筒　　　　　　　　图1-2-30　气动扳手

（2）作用　T形套筒通常尺寸较小、质量较轻，适用于快速扳拧（拧紧或旋松）较小尺寸六角螺母的螺纹紧固件。

（3）使用方法　使用T形套筒时沿螺纹旋转方向在顶部施加外力，拧转螺栓或螺母。T形套筒的套筒尺寸通常为10mm、12mm、14mm，因此可允许施加的力矩较小，只能将螺栓或螺母拧靠，但无法拧紧到要求的力矩，因此需要其他扭力工具完成。对于已经紧固的螺栓或螺母，T形套筒也很难松开，需要用其他工具将螺栓或螺母松开后，利用T形套筒完成快速拆卸。

六、动力扳手

在汽车维修工作中仅靠手工工具是不够的，还会用到气动工具和电动工具。在进行大扭矩拆装作业中，经常会用到气动扳手和电动扳手等动力型扳手。

1. 气动扳手

（1）认识　气动扳手也称风动扳手，是一种以压缩空气为动力源，从事螺栓或螺母拆装的快速操作工具。根据所拆卸的螺栓力矩大小不同，所采用的气动扳手种类也不相同，常见的气动扳手有冲击扳手和气动棘轮扳手两种。如图1-2-30所示。

（2）作用　气动扳手主要用于快速拆装螺栓或螺母。

（3）使用方法　如图1-2-31所示，气动扳手要与专用的套筒结合使用，专用的套筒经过专门加工，其特点是能防止零件从传动装置上飞出。

气动扳手不仅能够拆卸螺栓或螺母，也可以拧紧螺栓或螺母，所以在使用气动扳手前，先要对其旋转方向（正转或反转）进行选择调节，如果带有扭矩调整功能，则按照所需施加扭矩的大小进行扭矩调节，再将气源管路紧固连接到气动扳手的气源接口上，站在一个安全舒适且容易施力的位置，握紧气动扳手把手，并用手按动气源开关，在气压的作用下，使套筒带动螺栓、螺母自动旋拧。

气动扳手在使用过程中，还应注意以下操作事项（如图1-2-32所示）：

① 一定要在正确的气压下时使用（正确值：686kPa）。

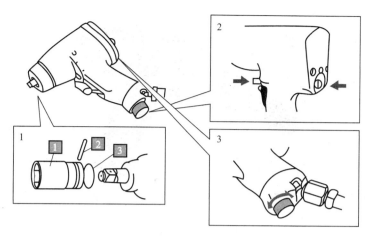

图 1-2-31　气动扳手的使用方法
1—套筒防脱落保险机构；2—切换正转、反转；3—扭矩大小调节

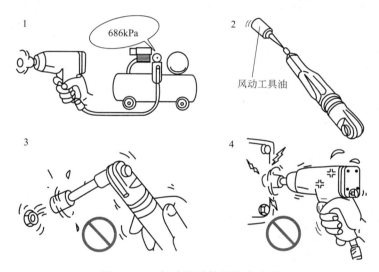

图 1-2-32　气动扳手使用注意事项

② 应定期检查气动扳手，并用风动工具油润滑和防锈。

③ 如果用气动扳手从螺纹上完全取下螺母，则旋转力可使螺母飞出。

④ 在拧紧螺母时，应先用手将螺母对准螺纹并带入几扣，如果一开始就打开气动扳手，则螺纹会被损坏。

⑤ 最后应使用扭矩扳手检查紧固扭矩。

2. 电动扳手

（1）认识　电动扳手通常采用 220V 单相串励式电动机驱动，这种电动机结构与汽车启动机相似，它扭矩较大，适合于断续工作。如图 1-2-33 所示。

（2）作用　与气动扳手功能相似，也是用于快速拆装螺栓或螺母的动力型扭力工具。

（3）使用方法

① 电动扳手一般是定扭矩的，因此进行旋紧操作时必须注意扳手的使用范围，以防拧断螺栓。

② 装配一个螺纹件，一般冲击时间为 2～3s，不应经常超过 5s。

图 1-2-33　电动扳手

③ 电压过低或过高时都不宜使用电动扳手。

④ 变换转向时，应先用电源开关切断电源，再扳动正反转开关，以保护正反转开关。

⑤ 在使用电动扳手过程中，安全应放在第一位，如果稍有疏忽，不但会造成伤害，还可能会因漏电造成触电乃至人身伤亡事故，所以要确保电动扳手使用的电线或插头完好无损，绝缘层无脱落，无金属丝外露；电动扳手的外接线长度和直径应符合标准，否则会因为电压下降过大造成导线过热；在使用电动扳手时，还应确保工作环境干燥无积水，以避免电动扳手及其连接线与水接触。

课后练习题

1. 双六角形套筒和六角形套筒各适合在什么条件下使用？
2. 万向接头使用的注意事项有哪些？
3. 操作练习：正确使用棘轮扳手拆卸和拧靠螺栓。
4. 操作练习：正确使用扭力扳手将螺栓紧固到 65N·m。
5. 操作练习：正确操作气动扳手拆卸和安装轮胎螺钉（螺母）。
6. 操作练习：正确操作电动扳手拆卸和安装轮胎螺钉（螺母）。

第三节　其他常用扳手类工具

在汽车修配工作中，除了最常使用的套筒类扳手工具外，经常使用到的还有梅花扳手、开口扳手、活动扳手和内六角扳手等其他扳手类工具。

一、梅花扳手

1. 认识

梅花扳手两端呈花环状，其内孔是由 2 个正六边形互相同心错开 30°而成。很多梅花扳手都有弯头，常见的弯头角度在 10°~45°之间，从侧面看旋转螺栓部分和手柄部分是错开的，如图 1-3-1 所示。

图 1-3-1　梅花扳手

2. 作用

梅花扳手的结构方便于拆卸装配在凹陷空间的螺栓、螺母，并可以为手指提供操作间隙，以防止擦伤。

3. 使用方法

在使用梅花扳手时，左手推住梅花扳手与螺栓连接处，保持梅花扳手与螺栓完全配合，防止滑脱，右手握住梅花扳手的另一端并加力。扳手转动 30°后，可更换位置，特别适用于拆装处于空间狭小位置的螺栓、螺母。由于扳手是有角度的，因此可用于在凹进空间里或在平面上旋转螺栓/螺母，如图 1-3-2 所示。

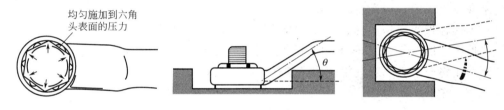

图 1-3-2　梅花扳手的使用方法

在使用梅花扳手时，应注意以下事项：

（1）严禁使用锤击扳手以增加力矩，否则会造成工具损坏。

（2）严禁使用带有裂纹和内孔已经严重磨损的梅花扳手。

（3）严禁将加长的管子套在扳手上以延伸扳手长度增加力矩。

二、开口扳手

1. 认识

开口扳手是两头均为 U 形钳口的扳手，通常 U 形钳口的尺寸为一大一小，如 8mm/10mm、12mm/14mm、14mm/17mm、17mm/19mm 等，如图 1-3-3 所示。

图 1-3-3　开口扳手

2. 作用

有开口扳手两头均为 U 形的开放式钳口，可套住螺栓或螺母六角的两个对向面，因此开口扳手主要适用于无法使用套筒扳手和梅花扳手操作的位置。有些螺栓或螺母必须从横侧插入，此时开口扳手可以做到，而其他扳手则不行，如图 1-3-4 所示。

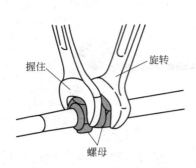 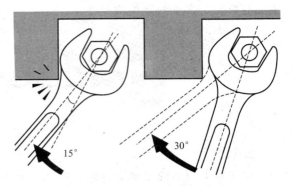

图 1-3-4　开口扳手的作用　　　　　　图 1-3-5　开口扳手的使用方法

3. 使用方法

开口扳手的钳口与手柄存在一定的角度,这样可以通过反转开口扳手来增加适用空间,如图 1-3-5 所示。

选择开口扳手时,要根据螺栓头部的尺寸来确定合适的型号,并确保钳口的直径与螺栓头部直径相符,配合无间隙,然后才能进行操作。

使用开口扳手时,应注意以下事项:

(1) 不能在扳手手柄上套装加长套管,这样会损害扳手,如图 1-3-6 所示。

(2) 扳手不能提供较大扭矩,因此不能用于最终拧紧。

(3) 禁止将开口扳手当撬棍使用,这样会损坏工具。

图 1-3-6　禁止在扳手手柄上套装加长套管

三、两用扳手

1. 认识

两用扳手也称组合扳手,是把梅花扳手和开口扳手组合在一起,一端为开口端,另外一端为梅花端,如图 1-3-7 所示。

图 1-3-7　两用扳手

2. 作用

两用扳手由于既具备了梅花扳手的功能,又具备了开口扳手的功能,因此使用起来十分方便。

3. 使用方法

在紧固过程中，可以先使用两用扳手的开口端把螺栓旋到底，再次使用梅花端完成最后的紧固，而拧松时先使用梅花端。

开口扳手和梅花扳手的使用注意事项，同样适用于两用扳手：不可使用开口端作最后的拧紧，如果必须使用开口扳手作最后的拧紧，要完全按照螺栓或螺母扭矩要求，不能过大，否则会导致螺栓棱角损坏。

四、活动扳手

1. 认识

活动扳手也叫可调扳手，如图 1-3-8 所示。

图 1-3-8　活动扳手

2. 作用

活动扳手适用于尺寸不规则的螺栓、螺母，它能在一定范围内任意调节开口尺寸，如图 1-3-9 所示。一个可调扳手可用来代替多个开口扳手。活动扳手由固定钳口和可调钳口两部分组成，扳手的开度大小通过调节螺杆进行调整。

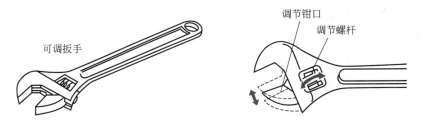

图 1-3-9　活动扳手及调节机构

3. 使用方法

使用活动扳手时应先将活动扳手调整合适，使活动扳手钳口与螺栓、螺母两对边完全贴紧，不应存在间隙。使用时，要使活动扳手的可调钳口部分受推力，固定钳口受拉力，保证螺栓、螺母及扳手本身不被损坏，如图 1-3-10 所示。如果不按照这种方法转动扳手，会使压力作用在调节螺杆上，在施力时促使钳口变大，将损坏螺栓、螺母的棱角和扳手本身。

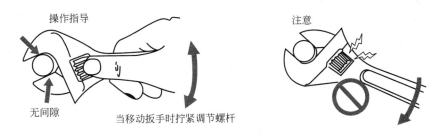

图 1-3-10　活动扳手的使用方法

在使用活动扳手时,应注意以下事项:
(1) 严禁在扳手上随意加装套管或锤击活动扳手。
(2) 严禁将活动扳手当作锤子来使用,这样会使活动扳手损坏。

五、内六角扳手

1. 认识

内六角扳手通常分为专用内六角扳手和花形内六角扳手,此类扳手多为L形,如图1-3-11所示。

图 1-3-11 内六角扳手

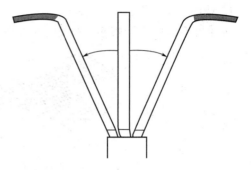

图 1-3-12 内六角扳手的使用方法

2. 作用

内六角扳手专门用于拆装内六角和花形内六角螺栓,是内六角螺栓的专用拆装工具。

3. 使用方法

L形内六角扳手,其长端的尾部设计成球形,有利于内六角扳手从不同角度操作,便于狭小角度空间使用,如图1-3-12所示。使用内六角扳手时,应选取与螺栓内六方孔相适应的扳手,并且严禁使用任何加长装置。

课后练习题

1. 简述开口扳手的适用条件及正确使用方法。
2. 简述活动扳手的正确操作方法。

第二章 汽车修配常用钳工工具

在汽车修配工作中，除了要用到扭矩类拆装工具外，还要经常使用钳工工具，如钳子、改锥（即螺丝刀）、锤子等。

第一节　钳子

钳子是一种利用杠杆原理，用于弯曲小的金属材料、夹持扁形或圆形零件、切断软的金属丝等的工具。钳子的外形呈V形，通常包括手柄、钳腮和钳嘴三个部分。钳的手柄依握持形式而设计成直柄、弯柄和弓柄三种样式。钳子在使用时常与电线之类的带电导体接触，故其手柄上一般都套有以聚氯乙烯等绝缘材料制成的护管，以确保操作者的安全。钳嘴的形式很多，常见的有尖嘴、平嘴、扁嘴、圆嘴、弯嘴等样式，可适应对不同形状工件的作业需要。

在汽车维修中，常用钳子的类型有钢丝钳、鲤鱼钳、尖嘴钳、斜嘴钳、水泵钳、卡簧钳、大力钳、管钳等，如图2-1-1所示。

图2-1-1　钳子的类型

钳子的选择与使用，一方面应根据在汽车维修中所要达到的不同目的来选用，另一方面还要考虑工作空间的大小等因素。

一、钢丝钳

1. 认识

钢丝钳是汽车修配作业中最常见的一种钳子，如图2-1-2所示。

图 2-1-2 钢丝钳

2. 作用

钢丝钳主要用来切断金属丝或夹持零件。钢丝钳由钳头和钳柄组成,钳头包括钳口、齿口、刀口和铡口,各部位的作用分别如下(见图 2-1-3):

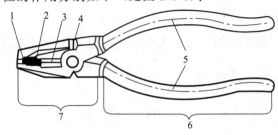

图 2-1-3 钢丝钳的结构及作用
1—钳口;2—齿口;3—刀口;4—铡口;5—绝缘管;6—钳柄;7—钳头

(1) 钳口用来弯绞或钳夹导线线头。
(2) 齿口可用来紧固或拧松螺母。
(3) 刀口可用来剖切软电线的橡胶或塑料绝缘层,也可用来剪切电线、铁丝。
(4) 铡口可以用来切断电线、钢丝等较硬的金属线。

3. 使用方法

使用钢丝钳时,用手握住钳柄后端,如图 2-1-4 所示,使钳口开闭,钳口前端主要用于夹持各种零件,根部的刀口(也称刃口)可用来切割细导线。

图 2-1-4 钢丝钳的握法

图 2-1-5 尖嘴钳

在使用钢丝钳时,还应注意以下事项:

(1) 钳子钳柄上套装的绝缘塑料管具有绝缘功能,通常耐压 500V 以上,有了它可以带电剪切电线。使用中,切忌乱扔,以免损坏绝缘塑料管。
(2) 当钢丝钳切断较硬的钢丝等物体时,禁止使用锤子击打钳子来增加切削力,这样会损坏钢丝钳。

二、尖嘴钳

1. 认识

尖嘴钳又叫修口钳,其结构如图 2-1-5 所示,由尖头、刀口和钳柄三部分组成。钳口长而细，特别适合在狭窄空间里使用。

2. 作用

与钢丝钳功能相似，尖嘴钳既可以用来夹持零件，也可以用来切断金属丝，但其钳口的咬合力不及钢丝钳。除此之外，尖嘴钳还可以用来剥电线的塑料绝缘层等。尖嘴钳的优势在于在狭窄的空间中，钢丝钳无法满足工作条件时，尖嘴钳可以代替钢丝钳完成。如图 2-1-6 所示。

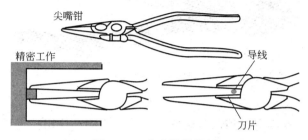

图 2-1-6　尖嘴钳的作用

3. 使用方法

尖嘴钳的使用方法与钢丝钳相同，通常采用平握法：用手握住钳柄后端，使钳口开闭，钳口前端主要用于夹持各种零件，根部的刃口可用来切割细导线。另外，在必要的空间条件下，还可以采用立握法使用尖嘴钳来夹取工件。如图 2-1-7 所示。

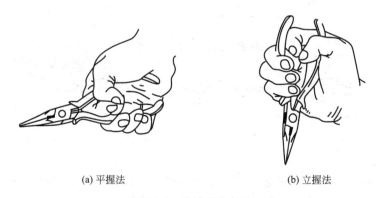

(a) 平握法　　　　(b) 立握法

图 2-1-7　尖嘴钳的握法

由于尖嘴钳的强度有限，所以严禁对尖嘴钳的钳头部施加过大的压力，这样会使尖嘴钳的钳口尖部扩张成 U 形。如图 2-1-8 所示。尖嘴钳钳柄只能用手握，不允许用其他方法加力（如用锤子打、用台虎钳夹等）。

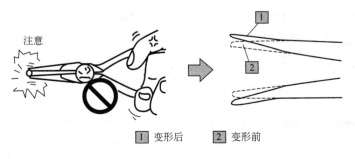

图 2-1-8　尖嘴钳使用注意事项

三、鲤鱼钳

1. 认识

鲤鱼钳也称鱼嘴钳，因外形酷似鲤鱼而得名，如图 2-1-9 所示。

图 2-1-9　鲤鱼钳

2. 作用

鲤鱼钳钳口的开口宽度有两挡调节位置，可放大或缩小使用。主要用于夹持、弯曲和扭转工件，也可代替扳手旋小螺母和小螺栓，钳口后部刃口可用于切断金属丝，如图 2-1-10 所示。

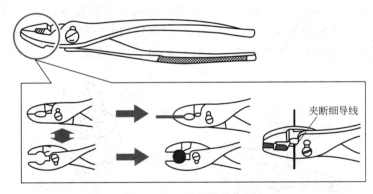

图 2-1-10　鲤鱼钳的作用

3. 使用方法

鲤鱼钳的手柄一般较长，可通过改变支点上槽孔的位置来调节钳口张开的程度以满足夹持不同尺寸部件的需要。在使用鲤鱼钳时，应注意以下事项：

（1）在用钳子夹持零件前，必须用防护布或其他防护罩遮盖易损坏件，如图 2-1-11 所示，防止锯齿状钳口对易损件造成伤害。

（2）严禁把鲤鱼钳和水泵钳当成扳手使用，因为锯齿状钳口会损坏螺栓或螺母的棱角。

（3）鲤鱼钳钳柄外的塑料防护套可以耐高压，使用过程中不要随意乱扔，以免损坏塑料护套。

图 2-1-11　鲤鱼钳使用注意事项

四、斜口钳

1. 认识

斜口钳也叫做剪钳，如图 2-1-12 所示。

2. 作用

斜口钳的钳口有刃口，而且尖部为圆形，不具备夹持零件的作用，只能用于切割金属丝或导线。斜口钳可以剪切钢丝钳和尖嘴钳不能剪切的细导线或线束中的导线。如图 2-1-13 所示。

图 2-1-12　斜口钳

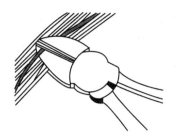

图 2-1-13　斜口钳的作用

3. 使用方法

斜口钳的握持使用方法与钢丝钳相同，值得注意的是，严禁使用斜口钳来切割硬的或粗的金属丝，这样会损坏刃口。如图 2-1-14 所示。

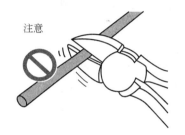

图 2-1-14　斜口钳使用注意事项

图 2-1-15　大力钳

五、大力钳

1. 认识

大力钳也称锁钳、多用钳，由于其能产生很大的夹紧力而得名。其结构形式如图 2-1-15 所示。

2. 作用

大力钳属于杠杆增力的手工工具，其工作的关键是应用二次杠杆原理，在一组顶杆的夹角较大时，可以获得数倍的增力，从而通过钳爪给工件施加一个较大的夹紧力。因此，大力钳除了具备钳子的夹持作用外，还兼具活扳手、夹具的功能，适于汽车保修时使用。

3. 使用方法

大力钳后面有滚花式调整螺杆，通过旋转这个螺杆可以调节钳爪的开口尺寸，向外旋松调整螺杆时，钳口张开的尺寸增大；向里旋拧调整螺杆时，钳口张开的尺度将减小。将钳爪的开口尺寸调到适当的宽度，然后将钳柄合上即可。注意，大力钳的钳柄只能用手握，不能用其他方法加力（如用锤子打、用台虎钳夹等）。

六、水泵钳

1. 认识

水泵钳的结构与鲤鱼钳相似，其钳口的开口宽度均可调节，但水泵钳的可调节挡位要比鲤鱼钳多。其结构如图 2-1-16 所示。

2. 作用

水泵钳的作用类似管钳,但比管钳更轻便小巧易用,主要用于夹持扁形或圆柱形金属零件,其特点是钳口的开口宽度有多挡(五挡)调节位置,以适应夹持不同尺寸的零件的需要,是汽车、内燃机等安装、维修工作中常用的工具,用于上紧或松开管件(金属管、附件)和管箍。

3. 使用方法

打开钳头的咬口部分,滑动钳轴进行调节,使其与夹持部件的尺寸吻合。

图 2-1-16 水泵钳

七、卡簧钳

1. 认识

卡簧钳是专门用来拆卸和安装卡簧的工具,外形上属于尖嘴钳一类,钳头可采用直嘴和弯嘴两种结构形式,如图 2-1-17 所示。

2. 作用

根据使用范围的不同,卡簧钳分为外卡簧钳和内卡簧钳两大类(见图 2-1-17),分别用来拆装轴外用卡簧和孔内用卡簧。其中外卡簧钳又叫做轴用卡簧钳,常态时钳口是闭合的;内卡簧钳又叫做孔用卡簧钳,常态时钳口是打开的。这两种卡簧钳均有直嘴和弯嘴两种结构形式。

(a) 内(孔用)卡簧钳(直嘴)　　(b) 外(轴用)卡簧钳(直嘴)

(c) 内(孔用)卡簧钳(弯嘴)　　(d) 外(轴用)卡簧钳(弯嘴)

图 2-1-17 卡簧钳的类型

3. 使用方法

在拆卸卡簧时,用手握住卡簧钳钳柄,调整钳嘴开度,将卡簧钳钳嘴插入到卡簧端部的孔中,然后手部对钳柄施力,使卡簧脱离轴或孔,保持手柄握紧状态,将卡簧从轴上或孔中取出。反之,在安装卡簧时,也应先将卡簧钳钳嘴插入到卡簧端部的孔中,对于孔用卡簧,使用内卡簧钳来压缩卡簧，使其直径变小，然后放入孔中；对于轴用卡簧，使用外卡簧钳使卡簧张开，使其直径变大，然后放在轴上。如图 2-1-18 所示。

 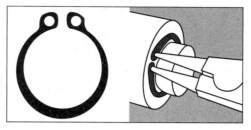

(a) 内(孔用)卡簧钳使用方法　　　　　　　　　(b) 外(轴用)卡簧钳使用方法

图 2-1-18　卡簧钳使用方法

八、剥线钳

1. 认识

剥线钳为汽车电工常用工具之一，它由刀口、压线口和钳柄组成。如图 2-1-19 所示。

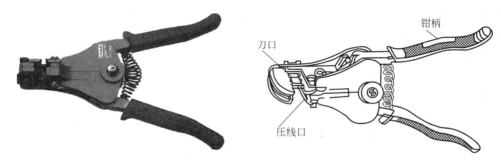

图 2-1-19　剥线钳

2. 作用

剥线钳适宜用于塑料、橡胶绝缘电线、电缆芯线的剥皮，钳头上有多个大小不同的切口，以适用于不同规格的导线。

3. 使用方法

将待剥皮的线头置于钳头的刀口中，用手将两钳柄一捏，然后一松，绝缘皮便与芯线脱开。使用剥线钳时导线必须放在稍大于线芯直径的切口上切剥，以免损伤线芯。

九、台虎钳

1. 认识

台虎钳是一种常用的夹持工具，与前面所介绍的各种钳子不同的是，上述各种钳子为手持式工具，而台虎钳则为台式工具，是锯、锉维修设备零件时所必需的夹持工具。台虎钳的类型分固定式和回转式两种，按钳口长度划分为 100mm、150mm、200mm 等不同规格。

如图 2-1-20 所示，台虎钳主要由钳台和虎钳构成，虎钳由固定钳身、活动钳身、回转盘、固定座、丝杠、螺母及手柄组成。汽车修配作业中常用回转式台虎钳，回转式台虎钳的工作原理是：活动钳身通过导轨与固定钳身的导轨孔作滑动配合。丝杠装在活动钳身上，可以旋转，但不能轴向移动，并与安装在固定钳身内的丝杠螺母配合。当摇动手柄使丝杠旋

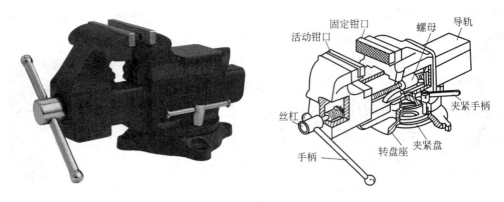

图 2-1-20 台虎钳的结构

转,就可带动活动钳身相对于固定钳身作进退移动,起夹紧或放松工件的作用。在固定钳身和活动钳身上,各装有钢质钳口,并用螺钉固定,钳口的工作面上制有交叉的网纹,使工件夹紧后不易产生滑动,且钳口经过热处理淬硬,具有较好的耐磨性。固定钳身装在转盘座上,并能绕转座轴心线转动,当转到要求的方向时,扳动夹紧手柄使夹紧螺钉旋紧,便可在夹紧盘的作用下把固定钳身固紧。转座上有三个螺栓孔,用以通过螺栓与钳台固定。

2. 作用

台虎钳主要用于夹持工件。

3. 使用方法

(1) 在台虎钳使用前应先将回转盘的夹紧手柄固定好。

(2) 调节钳口,顺时针旋转手柄,钳口变小,反之钳口变大,旋转手柄时要平稳。

(3) 夹持工件时不要太紧,防止钳口吃进工件表面或损坏钳身,夹持工件时,工件另一端要用支架支撑。

(4) 用完后要用棉纱将钳口和钳台擦干净。

在使用台虎钳时还应注意以下事项:

(1) 固定钳身的钳口工作面应处于钳台边缘,安装台虎钳时,必须使固定钳身的钳口工作面处于钳台边缘以外,以保证夹持长条形工件时,工件的下端不受钳台边缘的阻碍。

(2) 必须把台虎钳牢固地固定在钳台上,工作时两个夹紧手柄必须扳紧,保证钳身没有松动现象,以免损坏台钳和影响加工质量。

(3) 用手扳紧手柄夹紧工件时,只允许用手的力量扳紧手柄,不能用手锤敲击手柄或套上长管子扳手柄,以免丝杠、螺母或钳身因受力过大而损坏。

(4) 施力应朝向固定钳身方向,强力作业时,应尽量使力量朝向固定钳身,否则丝杠和螺母会因受到过大的力而损坏。

(5) 不允许在钳台和钳身上砸东西,特别是不能在活动钳身的光滑平面上进行敲击作业,以免降低活动钳身与固定钳身的配合性能。

(6) 应保持清洁丝杠,螺母和其他活动表面应经常加润滑油以防锈,并注意保持清洁。

(7) 安装台虎钳的钳台高度约 800~900mm,装上台虎钳后,钳口高度恰好与人的手肘平齐为宜,长度和宽度随工作需要而定。

课后练习题

1. 为了拧松螺母，可以选用哪几种钳子？
2. 哪些钳子能够切断车辆线束中的电线？
3. 要取下轴孔中的卡簧，需要使用什么钳子？

第二节 螺丝刀

螺丝刀俗称改锥或起子，主要用于旋拧小扭矩、头部开有凹槽的螺栓和螺钉。

螺丝刀的类型取决于本身的结构及尖部的形状，常用的普通螺丝刀有一字螺丝刀、十字螺丝刀、梅花螺丝刀等。如图 2-2-1 所示。

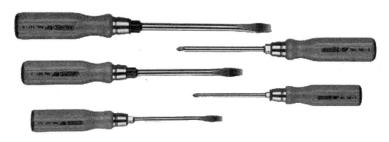

图 2-2-1 普通螺丝刀

虽然普通螺丝刀使用最为频繁，但在不同用途下也需要使用特殊形式的螺丝刀。如图 2-2-2 所示。利用穿透螺丝刀可以上紧固定螺钉；使用方柄螺丝刀，可以借助扳手增加螺丝刀施加的扭矩；可用在需要大扭矩的地方；使用短柄螺丝刀，可以方便地在有限的空间内拆卸并更换螺丝；使用精密螺丝刀，可用以拆卸并更换小零件。

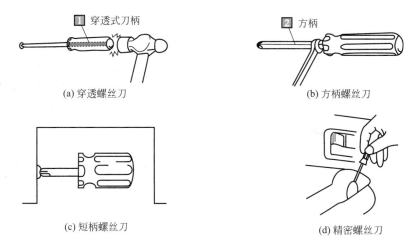

图 2-2-2 特殊螺丝刀

尖部形状相同的螺丝刀，尺寸也不完全一样，如梅花螺丝刀。在汽车维修中经常用到头部尺寸是 2 号的螺丝刀，但也有更大一点的 3 号和更小一点的 1 号，甚至还有更小的微型螺丝刀。选用螺丝刀时，应先保证螺丝刀头部的尺寸与螺钉的槽部形状完全配合（如图 2-2-3 所示）。选用不当会严重损坏螺丝刀。

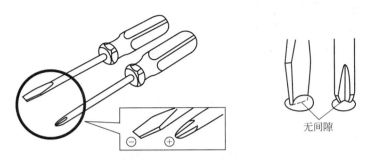

图 2-2-3　螺丝刀头部尺寸应与螺钉槽部形状完全配合

选用螺丝刀时应遵循"先大后小"的原则，即先选择 3 号，如 3 号不合适，再依次选择 2 号、1 号。

如果螺丝刀的头部太厚，则不能落入螺钉槽内，容易损坏螺钉槽；如果螺丝刀的头部太薄，使用时螺丝刀头部容易扭曲。

一、一字螺丝刀

1. 认识

一字螺丝刀的刀口端面为"一"字形，故称为一字螺丝刀。如图 2-2-4 所示。

图 2-2-4　一字螺丝刀

2. 作用

一字螺丝刀用于单个槽头螺钉的拆卸和安装。

3. 使用方法

首先选择规格尺寸与螺钉槽口相吻合的螺丝刀，用手握持螺丝刀，手心抵住柄端，让螺丝刀口端与螺钉槽口处于垂直吻合状态（如图 2-2-5 所示）。当开始拧松或最后拧紧时，应用力将螺丝刀压紧后再用手腕力扭转螺丝刀；当螺栓松动后，即可使手心轻压螺丝刀柄，用拇指、中指和食指快速转动螺丝刀。

在使用螺丝刀时应注意：

（1）在使用前应先擦净螺丝刀柄和口端的油污，以免工作时滑脱而发生意外，使用后也要擦拭干净。

（2）使用时，不可用螺丝刀当撬棒或凿子使用。

（3）切勿用锂鱼钳或其他工具过度施加扭矩，这可能刮削螺钉的凹槽或损坏螺丝刀尖头。如图 2-2-6 所示。

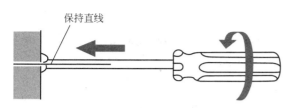

图 2-2-5 普通螺丝刀使用方法

图 2-2-6 普通螺丝刀使用注意事项

二、十字螺丝刀

1. 认识

十字螺丝刀的刀口端面为"十"字形,故称为十字螺丝刀。如图 2-2-7 所示。

图 2-2-7 十字螺丝刀

2. 作用

十字螺丝刀用于十字槽头螺钉的拆卸和安装。

3. 使用方法

十字螺丝刀的使用方法和注意事项与一字螺丝刀相同。

三、梅花螺丝刀

1. 认识

梅花螺丝刀的结构与普通螺丝刀的结构基本相同,主要差异是其尖部的形状为梅花(六角)形,适用于内六角形的螺钉拆装。如图 2-2-8 所示。

图 2-2-8 梅花螺丝刀

2. 作用

梅花螺丝刀用于拆卸和安装梅花形槽头的螺钉或螺栓。

3. 使用方法

梅花螺丝刀的使用方法和注意事项与一字螺丝刀相同。

四、冲击螺丝刀

1. 认识

冲击螺丝刀的形状与普通螺栓刀相似,主要区别是它通常采用高强度铬钒合金钢,把手顶端为可以用于敲击的金属端面,该端面与螺丝刀金属柄为一体。如图 2-2-9 所示。

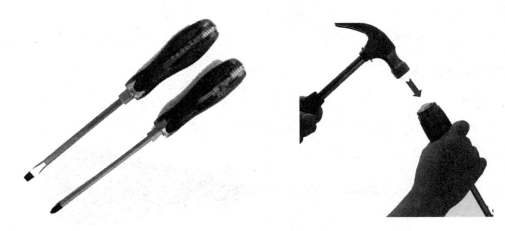

图 2-2-9　冲击螺丝刀

2. 作用

通过施加在螺丝刀上的冲击力来松动螺钉。

3. 使用方法

使用时利用锤子敲击螺丝刀把手的顶端端面,以此利用冲击力振动、释放螺纹的拧紧力矩,使螺钉与螺纹孔松动。

课后练习题

1. 选用螺丝刀应遵循什么原则?
2. 使用螺丝刀应注意哪些事项?

第三节　锤子

锤子也称榔头或手锤,属于捶击类工具。主要用于捶击錾子、冲子等工具或用来敲击工件,使工件变形、产生位移、振动,从而达到校正、整形等目的,因此,可通过敲击来拆卸和更换零件。另外,也可以根据捶击的声音来测试螺栓的松紧度。

如图 2-3-1 所示,锤子按锤头形状不同可分为圆头锤、方锤、钣金锤等,按锤头材料不同可分为铁锤、软面锤(木锤、橡胶锤、塑料锤)等。铁锤的规格一般用其质量表示,常用的有 0.25kg、0.5kg 和 1kg 等。

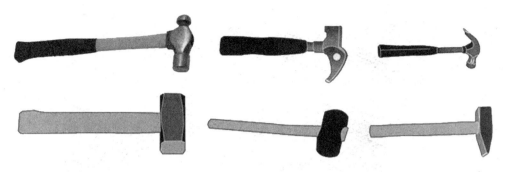

图 2-3-1 锤子的类型

一、圆头铁锤

1. 认识

铁锤锤头的材料多由碳素工具钢锻制而成，在汽车维修中最常用的就是圆头铁锤。如图 2-3-2所示。

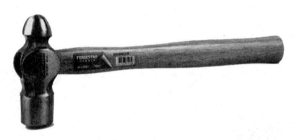

图 2-3-2 圆头铁锤

2. 作用

圆头铁锤一头为平头，另一头为圆头。平头用来锤击冲子和錾子等工具，而圆头用来铆接和锤击垫片。

3. 使用方法

（1）锤子手柄的选择 多数锤子在购买时就已安装了手柄，如自己选择并安装手柄，应注意手柄的粗细要和锤头的大小相适应，锤头中心线要与锤柄中心线垂直，并且锤柄的最大椭圆直径方向要与锤头中心线方向一致。

（2）锤子的握法 锤子的握法主要有紧握法和松握法两种。如图 2-3-3 所示。

① 紧握法：右手 5 个手指紧握锤柄，大拇指合在食指上，虎口对准锤头方向（木柄椭圆的长轴方向），木柄尾端露出 15～30mm。在敲击和挥锤过程中，五指始终紧握锤柄。

② 松握法：只有大拇指和食指始终握紧锤柄，其余三指在挥锤时，按小指、无名指、中指顺序依次放松；在敲击时，又以相反的次序收拢握紧，这种方法的优点是手不易疲劳，且产生的敲击力较大。手握锤柄的位置不要太靠近锤头，而要尽量靠近手柄的末端，因为这样打击时才会更省力、更灵活。

（3）挥锤方法 在实际操作中，根据对加工工件捶击力量的不同要求，挥锤方法有三种。如图 2-3-4 所示。

① 腕挥：挥锤时仅用手腕的动作来进行捶击运动，捶击力小。采用紧握法握锤，一般应用于需求捶击力较小的加工工作。

(a) 紧握法　　　　　　　　(b) 松握法

图 2-3-3　锤子的握法

② 肘挥：挥锤时手腕与肘部一起挥动完成捶击运动，敲击力较大。采用松握法握锤，这是一种常用的挥锤方法。

③ 臂挥：挥锤时腕、肘和臂联合动作，锤头要过耳背，捶击力最大。它适用于需要大锤击力的工作。这种方法费力大，较难掌握，但只要掌握了臂挥，其他两种方法也就容易掌握了。

腕挥　　　　　　　肘挥　　　　　　　臂挥

图 2-3-4　挥锤方法

使用锤子时，眼睛要注视工作物，锤头面要和工作面平行，以确保锤面平整地打在工件上，不得歪斜，避免破坏工件表面形状，也防止锤子击偏，造成人员受伤和设备受损。

使用锤子时应注意以下事项：

① 使用前要保证锤面及手柄上无油污，以防止在使用过程中锤子自手中滑脱，造成伤人损物的事故。

② 使用前要检查手柄安装是否牢固，有无开裂现象，以防锤头脱出造成事故。如锤头松动，可用楔子塞牢，如手柄开裂或断裂，应立即更换新手柄，禁止继续使用。

③ 使用外表已损坏了的锤子非常危险，当击打时，锤子上的金属可能会飞出并造成事故。

④ 使用锤子锤击錾子、冲子等工具时，一定要戴防护眼镜。

⑤ 严禁使用铁锤直接锤击配合表面及易损部位，因为铁锤会损坏低硬度材料制成的部件，例如铝制外壳或汽缸盖等，这些部位只能使用软面锤。

（4）与锤子配套使用的辅助工具　黄铜棒是使用锤子时常用的辅助工具。黄铜棒用于协助锤子敲击不允许直接捶击工件表面的工件，是防止锤子损坏零件的支撑工具。黄铜棒由黄铜制成，因为黄铜是低硬度材料，在零件还未变形前黄铜就已先变形。

使用时一手握铜棒，将其一端置于工件表面，另一手用锤子锤击铜棒另一端。如果黄铜棒尖头变形，可用磨床研磨。如图 2-3-5 所示。

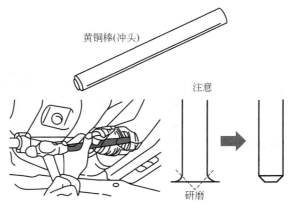

图 2-3-5　黄铜棒的使用

二、软面锤

1. 认识

软面锤头部使用材料为非金属软面材料，根据其头部使用材料的不同，可分为橡胶锤、塑料锤和木锤等。很多软面锤为增加惯性在内部装有铅或铜等金属。如图 2-3-6 所示。

图 2-3-6　软面锤

2. 作用

软面锤主要应用在汽车装配过程中，用来击打不允许留下痕迹或易损坏的部位。例如，用于敲击零部件，从而使零件之间形成更好的配合。

3. 使用方法

软面锤的使用方法和注意事项与铁锤相同。

课后练习题

1. 圆头铁锤的圆头一侧主要起什么作用？
2. 为了将前轮半轴从车轮轴头中取出，应使用什么方法？

第四节 手锯

手锯是锯削的工具,主要用于分割材料或在工件上切槽。在汽车修配工作中,经常用到的手锯是钳工用手锯,如图 2-4-1 所示。

图 2-4-1 手锯　　　　　　　图 2-4-2 手锯的构造

1—固定梁身(带手柄);2—可调梁身;3—固定夹头;
4—销子;5—锯条;6—活动夹头;7—翼形螺母

一、手锯的构造

手锯由锯弓和锯条组成。将锯条装于锯弓上就成了手锯。

1. 锯弓

锯弓用来张紧锯条。锯弓由手柄、梁身和夹头组成。锯弓两端都装有夹头,与锯弓的方孔配合,一端是固定的,一端为活动的。当锯条装在两端夹头的销子上后,旋紧活动夹头上的翼形螺母就可以把锯条拉紧。如图 2-4-2 所示。

锯弓有固定式和可调整式两种形式,如图 2-4-3 所示。固定式锯弓的长度不能变动,只能使用单一规格的锯条。可调整式锯弓可以使用不同规格的锯条,手把形状便于用力,故目前广泛使用。

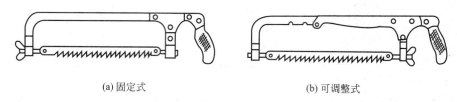

(a)固定式　　　　　　　(b)可调整式

图 2-4-3 锯弓的形式

2. 锯条

锯条由碳素工具钢制成,并经淬火处理。为了减少锯缝两侧面对锯条的摩擦阻力,避免锯条被夹住或折断。锯条在制造时,使锯齿按一定的规律左右扳斜错开,排列成一定形状,形成了锯齿的不同排列形式,称为锯路。锯路有波(浪)形排列和交叉排列,如图 2-4-4 所示。锯条有了锯路以后,使工件上的锯缝宽度大于锯条背部的厚度,从而防止了"夹锯"和锯条过热,并减少锯条磨损。

锯条规格以锯条两端安装孔之间的距离表示,有 150mm、200mm、…、400mm 等几种规格。随着长度增加,宽度由 10mm 增至 25mm,厚度由 0.6mm 增至 1.25mm。常用的锯条约长 300mm、宽 12mm、厚 0.8mm。锯条长度一般根据工件大小选择。

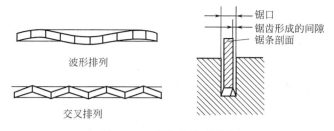

图 2-4-4 锯齿的排列形状

按锯齿的齿距大小,锯条可分为粗齿、中齿、细齿三种,其各自用途见表 2-4-1。应根据工件材料及厚度选择合适的锯条。

表 2-4-1 锯条的齿距及用途

锯齿粗细	每 25mm 长度内含齿数目	用途
粗齿	14～18	锯铜、铝等软金属及厚工件
中齿	24	加工普通钢、铸铁及中等厚度的工件
细齿	32	锯硬钢板料及薄壁管子

二、手锯的使用

1. 锯条的选用

选择粗细合适的锯条,是保证锯割质量和效率的重要条件。选择锯齿粗细的主要依据是工件材料的硬度、强度、厚度及切面的形状大小等来选择。一般地说,对锯割薄材料,在锯割截面上至少应有三个齿能同时参加锯割,这样才能避免锯齿被钩住和崩裂。如图 2-4-5 所示。

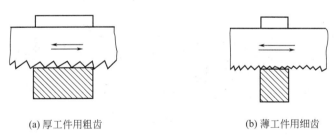

(a) 厚工件用粗齿　　　　　　　　(b) 薄工件用细齿

图 2-4-5 锯齿粗细的选择

(1) 软而切面大的工件用粗齿锯条。一般说来,粗齿锯条的容屑槽较大,适用于锯割软材料或较大的切面。因为这种情况每锯一次的切屑较多,只有大容屑槽才不致发生堵塞而影响锯割效率。如锯割紫铜、青铜、铝、铸铁、低碳钢和中碳钢等软材料,以及较厚的材料时应选用粗齿锯条。

(2) 硬而切面较小的工件应用细齿锯条。因硬材料不易锯入,每锯一次切屑较少,不易堵塞容屑槽,细齿锯同时参加切削的齿数增多,可使每齿担负的锯削量小,锯削阻力小,材料易于切除,推锯省力,锯齿也不易磨损。如锯割工具钢、合金钢等硬材料或小尺寸型钢、钢丝缆绳等薄的材料时应选用细齿锯条。在锯割薄板和薄壁管子时,必须用细齿锯条,以保证在锯割截面上至少有两个以上的锯齿同时参加锯割。否则会因齿距大于板厚,使锯齿被钩住而崩断。

（3）锯割中等硬度的材料用中齿锯条。锯割中等硬度的钢、黄铜、铸铁、厚壁管及大、中尺寸的型钢用中齿锯条。

2. 锯条的安装

手锯是在向前推进时才起切削作用，回程时不起切削作用，因此锯条安装应使齿尖的方向朝向前推的方向（如图 2-4-6 所示），这样在前推时切割金属，工作平稳且用力方便。如果装反了，则锯齿前角为负值，切削困难，就不能正常锯割了。锯条的松紧也要控制适当，它由锯弓上的翼形螺母调节。在调节锯条松紧时，翼形螺母不宜旋得太紧或太松，太紧时锯条受预拉伸力太大，在锯割中用力稍有不当，稍有阻力发生弯曲时，就会崩断；太松则锯割时锯条容易扭曲，也易折断，而且锯出的锯缝容易歪斜。一般用两手指的力能旋紧为止。其松紧程度可用手扳动锯条，以感觉硬实即可。锯条安装后，要保证锯条平面与锯弓中心平面平行，不得倾斜和扭曲，否则，锯割时锯缝极易歪斜。

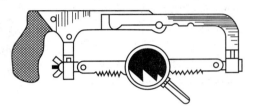

图 2-4-6 锯条的安装方向

3. 工件的安装

工件伸出钳口不应过长，以防止锯削时产生振动。锯线应和钳口边缘平行，并夹在台虎钳的左边，以便操作。工件要夹紧，并应防止变形和夹坏已加工的表面。

4. 手锯的握法

手锯握法如图 2-4-7 所示，右手握锯柄，左手轻扶弓架前端。

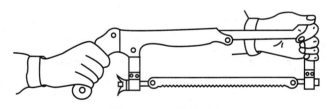

图 2-4-7 手锯的握法

5. 锯削的站姿

锯削时的站立位置，应面向台虎钳，站在虎钳中线的左侧，与虎钳的距离按大小臂垂直端平锯弓，使锯弓前段能搭在工件上来掌握。然后迈出左脚，迈出的距离以右脚尖到左脚跟约为 300mm 左右。左脚与虎钳中线约成 30°角，右脚与虎钳中线约成 75°角。如图 2-4-8 所示。

如图 2-4-9 所示，锯割时，身体稍向前倾，与竖直方向约成 10°角，此时右肘尽量向后收（见图 2-4-8），随着推锯行程的增大，身体逐渐向前倾斜［如图 2-4-9(a)］，行程达三分之二时，身体倾斜约 18°角，左右臂均向前伸出［如图 2-4-9(b)］，当锯削最后三分之一行程时，用手腕推进锯弓，身体随着锯弓的反作用力退回到 15°角位置［如图 2-4-9(c)］；回程时，取消压力使手和身体都退回到最初位置；锯削频率以每分钟 20～40 次为宜。

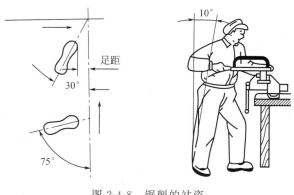

图 2-4-8 锯削的站姿

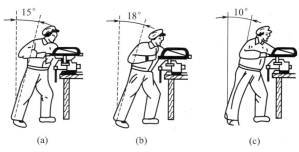

图 2-4-9 锯削运动姿势

6. 锯削操作

锯削时，应注意起锯、锯削压力、锯削速度和往返长度。起锯的方法有远起锯和近起锯两种方法，如图 2-4-10 所示。起锯时，锯条应对工件表面稍倾斜，有一起锯角 α（约 $10°\sim15°$），但不宜过大，以免崩齿。为防止锯条滑动，可用手指甲挡住锯条。

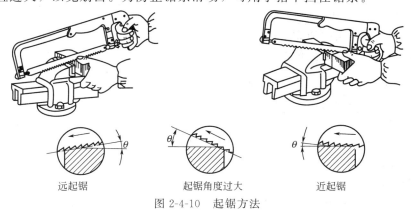

远起锯　　起锯角度过大　　近起锯

图 2-4-10 起锯方法

锯削时，锯弓作往返直线运动，左手施压，右手推进，用力要均匀。返回时，锯条轻轻滑过加工面，速度不宜太快，锯削开始和终了时，压力和速度均应减少，如图 2-4-11 所示。

锯硬材料时，应采用大压慢移动；锯软材料时，可适当加速减压。为减轻锯条的磨损，必要时可加乳化液或机油等切削液。

锯条应利用全部长度，即往返长度应不小于全长的 2/3，以免造成局部磨损。锯缝如歪斜，不可强扭，应将工件翻转 90° 重新起锯。

7. 锯削举例

（1）锯扁钢应从宽面起锯，以保证锯缝浅而齐整，如图 2-4-12 所示。

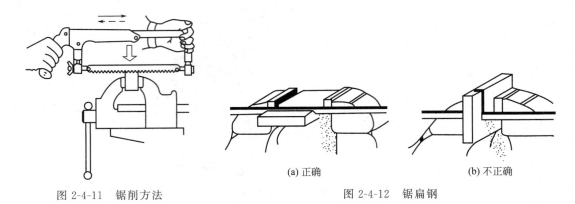

图 2-4-11 锯削方法　　　　　图 2-4-12 锯扁钢

（2）锯圆管，应在管壁锯透时，先将圆管向推锯方向转一角度，从原锯缝处下锯，然后依次不断转动，直至切断为止，如图 2-4-13 所示。

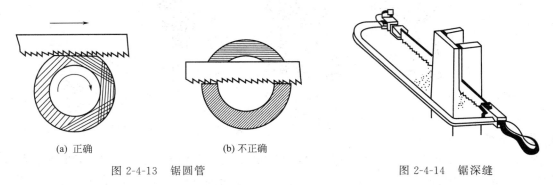

图 2-4-13 锯圆管　　　　　图 2-4-14 锯深缝

（3）锯深缝时，应将锯条转 90°安装，平放锯弓作推锯，如图 2-4-14 所示。

8．手锯使用注意事项

（1）锯割时可给锯条加油润滑冷却。在锯割钢件时，可加些机油，以减少锯条与锯割断面的摩擦并能冷却锯条，可以提高锯条的使用寿命。

（2）锯条安装要松紧适当，用力均匀。锯条要装得松紧适当，锯割时不要突然摆动过大、用力过猛，防止工作中锯条折断从锯弓上崩出伤人。

（3）要及时修整磨光已崩裂的锯齿。当锯条局部几个齿崩裂后，应及时在砂轮机上进行修整，即将相邻的 2~3 齿磨低成凹圆弧，并把已断的齿部磨光。如不及时处理，会使崩裂齿的后面各齿相继崩裂。

（4）工件将锯断时，用力要小。工件将锯断时，压力要小，避免压力过大使工件突然断开，手向前冲造成事故。一般工件将锯断时，要用左手扶住工件断开部分，避免掉下砸伤脚。

（5）锯割完毕应将锯条放松保存。锯割完毕，应将锯弓张紧螺母适当放松，卸除锯条的张紧力。但不要拆下锯条，防止锯弓上的零件失散，并将其妥善放好。

课后练习题

1．在选用锯条时应遵循哪些原则？

2. 安装锯条时应注意哪些事项？
3. 操作练习：使用手锯锯短螺栓螺杆的长度。

第五节　锉刀

锉刀由碳素工具钢制成，是手工锉削的主要工具。如图 2-5-1 所示。锉削就是对工件表面进行切削加工，使其尺寸、形状、位置和表面粗糙度都达到要求的加工方法，其加工范围包括：平面、台阶面、角度、曲面、沟槽和各种复杂的表面等。

图 2-5-1　锉刀

一、锉刀的结构

锉刀主要由锉身和锉柄两部分组成。如图 2-5-2 所示。

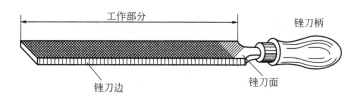

图 2-5-2　锉刀的结构

1. 锉身

锉身包括锉刀面、锉刀边、锉刀尾三部分。

（1）锉刀面，锉刀的上下两面是锉削的主要工作面。锉刀面在前端做成凸弧形，上下两面都有锉齿，便于进行锉削。锉也在纵长方向做成凸弧形的作用是能够抵消锉削时由于两手上下摆动而产生的表面中凸现象，以使工件锉平。

（2）锉刀边是指锉刀的两个侧面，有齿边和光边之分。齿边可用于切削，光边只起导向作用。有的锉刀两边都没有齿，有的其中一个边有齿。没有齿的一边叫光边，其作用是在锉削内直角形的一个面时，用光边靠在已加工的面上去锉另一直角面，防止碰伤已加工表面。

（3）锉刀尾（舌）是用来装锉刀柄的。锉舌是不经淬火处理的。

2. 锉柄

锉柄的作用是便于锉削时握持传递推力。通常是木质制成的，在安装孔的一端应有铁箍。

二、锉刀的分类

（1）按锉齿的大小分类，锉刀分为：粗齿锉、中齿锉、细齿锉和油光锉等。这通常是按锉刀的 10mm 长度范围内齿纹条数多少来划分，齿纹条数越多，则齿纹越细。4～12 齿的称为粗齿锉、13～23 齿的称为中齿锉、30～40 齿的称为细齿锉、50～62 齿的称为油光锉。

（2）按齿纹分类，锉刀分为：单齿锉和双齿锉。单齿锉是锉刀上只有一个方向齿纹，呈条形，与锉刀中心线成 70°，一般用于锉软金属，如铜、锡、铅等；双齿锉则有两种齿纹，有低齿和面齿之分，呈多齿，低齿纹与锉刀中心线成 45°，齿纹间距较疏，面齿纹与锉刀中心线成 60°～65°，间距较密，适用于锉削硬材料。

（3）按断面形状分类，锉刀分为：平锉（板锉）、方锉、三角锉、圆锉和半圆锉等几种类型。如图 2-5-3 所示。

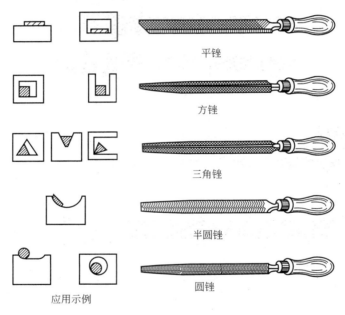

图 2-5-3　锉刀按断面形状的分类

板锉主要用于锉削平面、外圆和凸圆弧面；方锉主要用于锉削平面和方孔及方槽；三角锉主要用于锉削平面、方孔及 60°以上的锐角；圆锉主要用于锉削圆内弧面；半圆锉主要用于锉削平面、内弧面和大的圆孔。

（4）按用途分类，锉刀分为：普通锉、特种锉和整形锉。普通锉主要用于一般工件的加工，按其断面形状不同，分为平锉、方锉、三角锉、半圆锉和圆锉五种，以适用于不同表面的加工；特种锉，也称异形锉，主要用来锉削工件特殊表面，有刀口锉、菱形锉、扁三角锉、椭圆锉、圆肚锉等形状类型；整形锉，也称什锦锉，俗称组锉，主要用于修整细小部分的表面，其长度和截面尺寸均很小，截面形状有圆形、不等边三角形、矩形、半圆形等。它因分级配备各种断面形状的小锉而得名。通常以每组 5 把、6 把、8 把、10 把或 12 把为一套，如图 2-5-4 所示。

（5）汽车维修中还经常用到螺纹锉。它主要用来修复受损的螺纹。如图 2-5-5 所示。

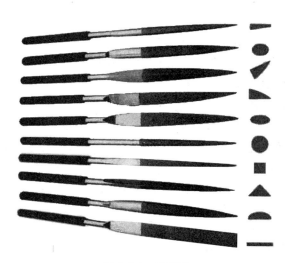

图 2-5-4 整形锉

(a) 修复外螺纹

(b) 修复内螺纹

图 2-5-5 螺纹锉

三、锉刀的规格

锉刀的规格通常用以下两种方式表示。

（1）尺寸规格。圆锉刀用直径表示，如○；方锉刀以断面边长表示，如▭，△，▭；其他锉刀，以锉身长度（锉刀有齿部分的长度）表示，板锉常用的有 100mm、150mm、200mm、250mm 和 300mm 等几种尺寸规格。

（2）粗细规格：以锉刀每 10mm 长度内主锉纹条数表示。通常分为 1♯（粗齿纹，CUT1）、2♯（中齿纹，CUT2）、3♯（细齿纹，CUT3）三种规格，特殊的规格有 00♯（特粗齿纹，CUT00）、0♯（加粗齿纹，CUT0）、4♯（特殊齿纹又称油光锉，特殊齿）等。

四、锉刀的使用

1. 锉刀的选用原则

合理选用锉刀对提高锉削效率、保证锉削质量、延长锉刀使用寿命有很大影响。每种锉刀都有它一定的用途，锉削前必须认真选择合适的锉刀。如果选择不当，就不能充分发挥它的效能或过早地丧失切削能力，不能保证锉削质量。

正确地选择锉刀要根据加工对象的具体情况，从如下几方面考虑：

（1）要根据所要加工零件的形状选用不同截面的锉刀。方锉四面都有锉齿，可锉方形孔，另外还可加工直角形状的工件；半圆锉可用来锉内凹的弧面；圆锉可用来锉圆弧面工件,还可把圆孔锉大。

(2) 粗加工选用粗锉刀,精加工选用细锉刀。粗锉刀用于粗加工,适用于锉削加工余量大、加工精度低和表面粗糙度值大的工件;中锉刀用于粗加工后的加工;细锉刀适用于锉削加工余量小、加工精度高和表面粗糙度值小的工件;油光锉刀只用于对工件最后表面修光;单齿纹锉刀适用于加工软材料。

(3) 锉刀尺寸规格的大小选择取决于工件加工面尺寸的大小和加工余量的大小。加工面尺寸较大,加工余量也较大时,宜选用较长锉刀;反之,则选用较短的锉刀。锉刀的长度一般应比锉削面长 150～200mm。

(4) 选用锉刀时,锉刀的硬度必须高于所要锉削材料的硬度,而且普通的锉刀不能用来锉如铜、铝等低硬度的材料,因为铜、铝会把锉齿堵塞。

2. 锉刀的使用方法

(1) 安装锉刀手柄 在使用锉刀前,首先要给锉刀安装大小合适的手柄,并检查手柄是否松动。有些锉刀,如世达工具的新锉自带手柄。

(2) 锉刀的握法 不同的锉刀在使用时有不同的握法,具体如图 2-5-6 所示。

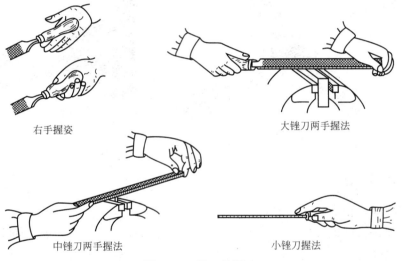

图 2-5-6 锉刀的握法

使用大锉重锉(长度大于 250mm)时,其握法是:右手握柄,柄端抵在拇指根部的手掌上,大拇指放在手柄上部,其余手指由上而下地握着锉刀柄,左手拇指根部肌肉压在锉刀上,拇指自然伸直,其余四指弯向掌心,用中指、无名指捏住锉刀前端,锉削时右手小臂要与锉身水平,右手肘部要提起。

使用中型锉(长度 200mm 左右)时的握锉方法:右手与握大锉一样,左手的拇指与食指轻轻捏住锉身前端。

使用小型锉(长度 150mm 左右)时的握锉方法:右手拇指放在刀柄的上方,食指放在刀柄的侧面,其余手指则从下面稳住锉柄;用左手的食指、中指、无名指压在锉身中部,以防锉身弯曲。

使用整形锉或长度小于 150mm 的更小锉刀时,只用右手握住,拇指放在锉柄的侧面,食指放在上面,其余手指由上而下握住锉刀柄。

在锉削过程中,不可用手擦摸锉削表面、锉屑及锉刀,因为锉削时产生的金属粉沾在手上后很难去除，会造成手部打滑。

（3）锉削时的站立姿势　锉削时的站立姿势如图 2-5-7 所示，两手握住锉刀，放在工件上面。左臂弯曲，小臂与工件锉削前面的左右方向保持基本平行；右小臂自然地与工件锉削的前后方向保持基本平行。右脚尖到左脚跟的距离约等于锉刀长，左脚与锉销工件中线约成 30°角，右脚与锉削工件中线约成 75°角。

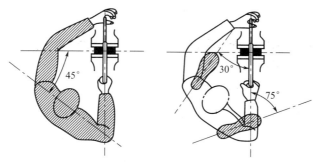

图 2-5-7　锉削时的站立姿势

（4）锉削时的动作　锉削时的动作按以下步骤进行（见图 2-5-8）。开始锉削时，身体前倾约 10°，右脚后伸，以充分利用锉身有效的长度。当锉刀推到 1/3 行程时，身体前倾约 15°，使左腿稍弯曲。右肘再向前推至 2/3 行程时，身体逐渐前倾到 18°左右。锉削最后 1/3 行程时，用手腕推锉至尽头，身体随着锉刀的反作用力自然退回到前倾 15°左右的位置。锉削终了时，两手按住锉刀，取消压力，抽回锉刀，身体恢复到原来位置。如此进行下一次的锉削。锉削时身体的重心要落在左脚上，右腿伸直、左腿弯曲，身体向前倾斜，两脚站稳不动，锉削时靠左腿的屈伸使身体作往复运动。两手握住锉刀放在工件上面，左臂弯曲，小臂与工件锉削面的左右方向保持基本平行，右小臂要与工件锉削面的前后方向保持基本平行，但要自然。

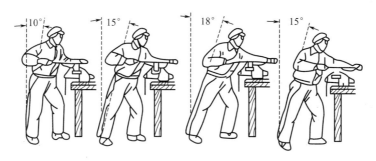

图 2-5-8　锉削时的动作

锉削行程中，身体先于锉刀一起向前，右脚伸直并稍向前倾，重心在左脚，左膝部呈弯曲状态；当锉刀锉至约四分之三行程时，身体停止前进，两臂则继续将锉刀向前锉到头，同时，左腿自然伸直并随着锉削时的反作用力，将身体重心后移，使身体恢复原位，并顺势将锉刀收回；当锉刀收回将近结束，身体又开始先于锉刀前倾，作第二次锉削的向前运动。

如要锉出平直的平面，必须使锉刀保持直线锉削运动。在锉刀回程时两手不要加压，以减少锉刀磨损。

（5）锉削时的施力　锉刀推进时应保持在水平面内。两手施力按图 2-5-9 所示变化，返回时不加压力，以减少齿面磨损。如锉削时两手施力不变，则开始阶段刀柄会下偏，而锉削终了时前端又会下垂，结果将锉成两端低，中间凸起的鼓形表面。

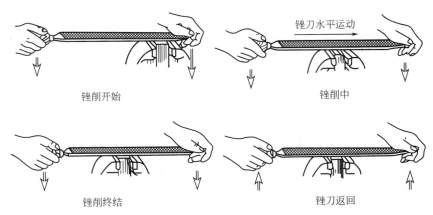

图 2-5-9　锉削时的施力

(6) 锉削方法

① 平面锉削　平面锉削是锉削中最基本的一种，常用顺向锉、交叉锉、推锉三种操作方法，如图 2-5-10 所示。

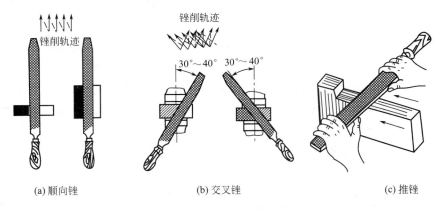

图 2-5-10　平面锉削方法

顺向锉是锉刀始终沿其长度方向锉削，一般用于最后的锉平或锉光。

交叉锉是先沿一个方向锉一层，然后再转 90°锉平。交叉锉切削效率较高，锉刀也容易掌握，如工件余量较多先用交叉锉法较好。

推锉法的锉刀运动方向与其长度方向垂直。当工件表面已锉平，余量很小时，为了降低工件表面粗糙度值和修正尺寸，用推锉法较好。推锉法尤其适用于较窄表面的加工。

② 圆弧面锉削　锉削圆弧面时，锉刀既需向前推进，又需绕弧面中心摆动。常用的有外圆弧面锉削时的滚锉法和顺锉法，如图 2-5-11 所示。内圆弧面锉削时的滚锉法和顺锉法，如图 2-5-12 所示。滚锉时，锉刀顺圆弧摆动锉削。滚锉常用作精锉外圆弧面。顺锉时，锉刀垂直圆弧面运动。顺锉适宜于粗锉。

3. 锉刀的使用注意事项及保养

(1) 不能使用无柄锉刀、裂柄锉刀和无柄箍锉刀。

(2) 新锉要先使用一面，用钝后再使用另一面。另外，锉刀在使用时应充分利用有效全长，这样既可提高锉削效率，又可避免锉齿局部磨损。

(3) 锉刀上不可沾水和油污。当锉刀槽齿被锉屑堵塞时，应使用专用铜丝刷顺其齿纹进行清除。

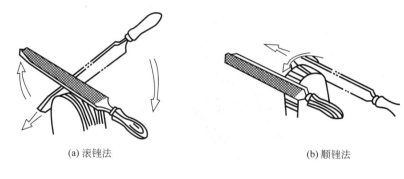

图 2-5-11　外圆弧面锉削方法

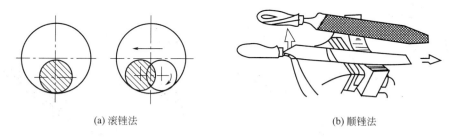

图 2-5-12　内圆弧面锉削方法

（4）不可锉毛坯件的硬皮及淬硬的工件。如铸件或毛坯表面有硬皮，应先用砂轮磨去或用旧锉刀锉去后，再进行正常锉削加工。

（5）不能把锉刀当作撬棒或手锤使用。

（6）锉刀硬而脆，无论在使用过程或存放过程中，不可与其他工具或工件堆放在一起，另外还要防止锉刀掉落在地上，以免损坏锉刀。

（7）锉刀使用完毕后必须清刷干净，存放在干燥通风的地方，以免生锈。

课后练习题

1. 锉削时应如何正确施力？
2. 锉削的方法有哪些？
3. 操作练习：使用整形锉修理被截断的螺栓头部螺纹。

第六节　錾子

錾子是錾削用到的主要工具。所谓錾削，是指用锤子锤击錾子对金属进行切削加工的操作，又称齿削。錾子通常配合手锤一起使用，一般由工具钢锻制，其刃部经刃磨和热处理而成，如图 2-6-1 所示。在汽车维修工作中，錾子主要用于剔下不能拆卸的旧螺栓。

图 2-6-1 錾子

一、錾子的类型

常见的錾子有扁錾、狭錾、油槽錾和扁冲錾等，如图 2-6-2 所示。

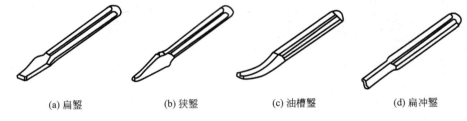

(a) 扁錾　　(b) 狭錾　　(c) 油槽錾　　(d) 扁冲錾

图 2-6-2 錾子的类型

扁錾用于錾削平面，切割和去除毛刺；狭錾用于开槽；油槽錾用于錾削润滑油槽；扁冲錾用于打通两个钻孔之间的间隔。

二、錾子的使用

1. 錾子的握法

錾子的握法随錾削工件不同而不同，一般有三种握法，如图 2-6-3 所示。

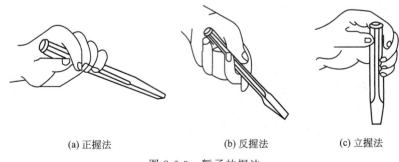

(a) 正握法　　(b) 反握法　　(c) 立握法

图 2-6-3 錾子的握法

（1）正握法　手的腕部伸直，拇指和食指自然接触，松紧适当，用中指、无名指握住錾子，小指自然合拢，錾子头部伸出约 20mm。这种握法适合于錾削平面。

（2）反握法　手心向上，左手拇指、中指握住錾子，食指抵住錾身，无名指、中指自然接触。这种握法适合于錾削小平面和侧面。

（3）立握法　左手拇指与食指捏住錾子，中指、无名指和小指轻轻扶持錾子。这种握法适合于垂直錾削，如在铁砧上錾断材料等。

2. 錾子的使用注意事项

錾子使用时要握稳握平，使用锤子锤击时，防止锤子击在手上，造成人身伤害。錾削将要完工时，应轻轻敲击锤子，以免阻力突然消失时手及錾子冲出去，碰在工件上把手划破。

3. 錾子的刃磨

新锻制或使用钝了的錾子，要及时修磨锋利，修磨方法可在砂轮机上进行。刃磨时，两手要拿稳錾身，一手在上，一手在下，使刃口向上倾斜靠在砂轮上，轻加压力同时要注意刃口要高于砂轮水平中心线，在砂轮全宽上平稳均匀地左右移动錾身。

錾子在刃磨过程中，要注意磨后的楔角大小要适宜，两刃面要对称，刃口要平直，刃面宽 2～3mm。錾子头部未经过热处理，在使用过程中易卷边，如出现这种现象应及时磨掉。

课后练习题

操作练习：正确使用錾子剔下拆卸不掉的旧螺栓。

第七节　丝锥和板牙

丝锥和板牙是切削内外螺丝的工具。一般用工具钢或高速钢制作，并经热处理淬火硬化。通常，丝锥和板牙以组合工具的形式出现。如图 2-7-1 所示。

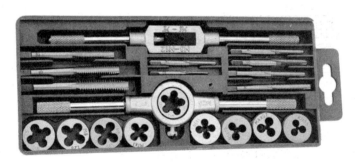

图 2-7-1　丝锥和板牙组合工具

一、丝锥

丝锥是用于攻螺纹的工具。所谓攻螺纹，是指在孔中切削出内螺纹的加工方法。攻螺纹工具由丝锥和铰杠（铰手）两部分组成。如图 2-7-2 所示。

铰杠是用来夹持丝锥的工具。有普通铰杠和丁字铰杠两类。丁字铰杠主要用在攻工件凸台旁的螺孔或机体内部的螺孔（丁字铰杠适用于在高凸台旁边或箱体内部攻螺纹）。各类铰杠又有固定式和活络式两种，如图 2-7-3 所示。固定式铰杠常用在攻 M5 以下螺孔，活络式铰杠可以调节方孔尺寸。

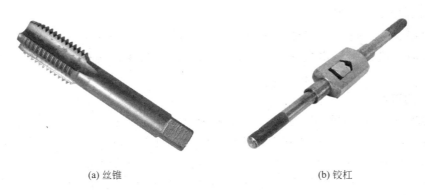

(a) 丝锥　　　　　　　　(b) 铰杠

图 2-7-2　丝锥和铰杠

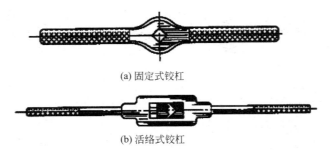

(a) 固定式铰杠

(b) 活络式铰杠

图 2-7-3　铰杠的类型

1. 丝锥的构造

丝锥主要由柄部和工作部分组成。如图 2-7-4 所示。

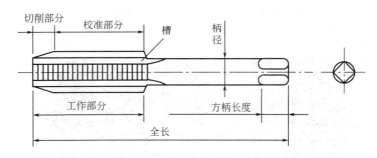

图 2-7-4　丝锥的构造

柄部的方头用来插入丝锥铰手中用以传递扭矩。

工作部分又包括切削部分与校准部分（导向部分）。切削部分担任主要的切削任务，其牙形由浅入深，并逐渐变得完整，以保证丝锥容易攻入孔内，并使各牙切削的金属量大致相同。常用丝锥轴向开 3～4 条容屑槽，以形成切削部分锋利的切削刃和前角，同时能容纳切屑。端部磨出切削锥角，使切削负荷分布在几个刀齿上，逐渐切到齿深，而使切削省力、刀齿受力均匀，不易崩刃或折断，也便于正确切入。校准部分均具有完整的牙形，主要用来校准和修光已切出的螺纹，并引导丝锥沿轴向前进。为了制造和刃磨方便，丝锥上的容屑槽一般做成直槽。有些专用丝锥为了控制排屑方向，做成螺旋槽。加工不通孔螺纹，为使切屑向上排出，容屑槽做成右旋槽。加工通孔螺纹，为使切屑向下排出，容屑槽做成左旋槽。

2. 丝锥的类型

按加工方法分类，丝锥分为机用丝锥和手用丝锥两种。在实际工作中，机用丝锥可用于手工攻螺纹，而手用丝锥也可用于机攻螺纹。

按加工螺纹的种类不同，丝锥又分为普通三角螺纹丝锥（其中 M6～M24 的丝锥为两只一套，小于 M6 和大于 M24 的丝锥为三只一套）、圆柱管螺纹丝锥（为两只一套）和圆锥管螺纹丝锥（大小尺寸均为单只）。圆柱管螺纹丝锥与一般手用丝锥相近，只是其工作部分较短，一般为两支一组。圆锥管螺纹丝锥的直径从头到尾逐渐增大，而牙型与丝锥轴线垂直，以保证内外螺纹结合时有良好的接触。

对于成组丝锥，按照丝锥的攻螺纹先后顺序，分为头锥、二锥、三锥（有些只有头锥和二锥）。三种丝锥直径相同，但斜切面长度不同，通常头锥斜切面长度最长，三锥斜切面长度最短。如图 2-7-5 所示，自上而下分别是头锥、二锥和三锥。

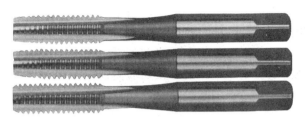

图 2-7-5　成组丝锥的头锥、二锥、三锥

另外，丝锥还有粗牙、细牙之分；有粗柄和细柄之分；有单支、成组之分；等径与不等径之分；有长柄机用丝锥、短柄螺母丝锥、长柄螺母丝锥等。

3. 丝锥的使用

（1）丝锥的选用　为减少切削力和延长丝锥使用寿命，提高耐用度和加工精度，通常在攻螺纹时将整个切削工作量分配给几支丝锥来分别担当切除，并按切削顺序分别叫头攻、二攻和三攻。

通常手用丝锥中 M6～M24 的丝锥为两支一套，小于 M6 和大于 M24 的丝锥为三支一套，称为头锥、二锥、三锥。这是因为 M6 以下的丝锥强度低，易折断，分配给三个丝锥切削可使每一个丝锥担负的切削余量小，因而产生的扭矩小，从而保护丝锥不易折断。而 M24 以上的丝锥要切除的余量大，分配给三支丝锥后可有效减少每一支丝锥的切削阻力，以减轻工人的体力劳动。细牙螺纹丝锥为两支一组。

（2）攻螺纹流程　在汽车修配作业中，攻螺纹主要用于内孔螺纹的修复。通常遵循以下操作流程：

① 确认螺纹孔有坏牙，不是螺栓断裂。
② 用游标卡尺测量螺栓外径，获得标准尺寸用以选择合适的丝锥。
③ 用螺距量规测量螺纹螺距。以此为依据，选择与螺纹螺距相同相配的丝锥。

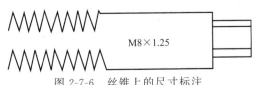

图 2-7-6　丝锥上的尺寸标注

④ 选择与螺纹中径螺距相适应的丝锥。丝锥选择不合适可能导致修出的螺纹孔过大，因此一定要仔细选择。选择丝锥时应参考丝锥上显示的尺寸，如图 2-7-6 所示，M8 代表螺纹直径，1.25 代表螺距。

⑤ 插入选好的丝锥转动 1 到 2 圈，安装丝锥铰杠。铰杠应与丝锥（方柄）尺寸相配。
⑥ 按照第一步到最后一步的顺序使用各种丝锥完成攻螺纹。
⑦ 用压缩空气将铁屑吹净。
⑧ 插入螺栓检查是否可以旋转。

(3) 攻螺纹方法 在攻螺纹前，先将头锥插入到要修复的螺纹孔中转动 1~2 圈（用于丝锥定位，使丝锥轴线与螺纹孔轴线一致），然后将铰杠安装到丝锥方柄上。用头锥起攻时，右手握住铰杠中间，沿丝锥中心线加适当压力，左手配合将铰杠顺时针转动（左旋丝锥则逆时针转动铰杠），或两手握住铰杠两端均匀施加适当压力，并将铰杠顺向旋进，将丝锥旋入，保证丝锥中心线与孔中心线重合，不使歪斜。当丝锥切削部分切入 1~2 圈后，应及时用目测或用直角尺在前后、左右两个方向检查丝锥是否垂直，并不断校正至要求。校正丝锥轴线与底孔轴线是否一致，若一致，两手即可握住铰手手柄继续平稳地转动丝锥。一般在切入 3~4 圈时，丝锥位置应正确无误，此时不应再强行纠正偏斜。此后，当丝锥的切削部分全部进入工件时，只需要两手用力均匀地转动铰杠，就不再对丝锥施加压力，而靠丝锥作自然旋进切削，丝锥会自行向下攻削。为防止切屑过长损坏丝锥，每扳转铰杠 1/2~2 圈，应反转 1/4~1/2 圈，以使切屑折断排出孔外，避免因切屑堵塞而损坏丝锥（如图 2-7-7 所示）。在攻螺纹过程中要用刷子或加油器加注切削油（如图 2-7-8 所示），这可以降低切削过程中产生的高温，保护丝锥，降低丝锥的工作强度。

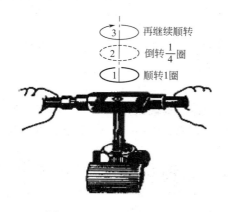

图 2-7-7 攻螺纹操作方法

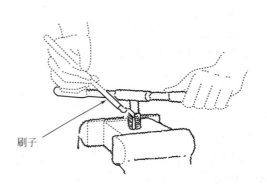

图 2-7-8 为丝锥加注切削油

(4) 攻螺纹注意事项

① 底孔的孔口必须倒角。钻孔后，在螺纹底孔的孔口必须倒角，通孔螺纹两端都倒角，倒角处最大直径应和螺纹大径相等或略大于螺孔大径，这样可使丝锥开始切削时容易切入，并可防止孔口出现挤压出的凸边。

② 对于成组丝锥要按头锥、二锥、三锥的顺序攻削。攻螺纹时，必须以头锥、二锥、三锥顺序攻削至标准尺寸。用头锥攻螺纹时，应保持丝锥中心与螺孔端面在两个相互垂直方向上的垂直度。头锥攻过后，先用手将二锥旋入，再装上铰杠攻螺纹。以同样办法攻三锥。对于在较硬的材料上攻螺纹时，可轮换各丝锥交替攻下，以减小切削部分负荷，防止丝锥折断。

③ 攻不通孔时，可在丝锥上做好深度标记，并要经常退出丝锥，清除留在孔内的切屑。否则会因切屑堵塞易使丝锥折断或攻螺纹达不到深度要求。当工件不便倒向进行清屑时，可用弯曲的小管子吹出切屑或用磁性针棒吸出。

④ 攻螺纹时要加切削液。为了减少摩擦，减小切削阻力，减小加工螺孔的表面粗糙度，保持丝锥的良好切削性能，延长丝锥寿命，得到光洁的螺纹表面，攻螺纹时，应根据工件材料，选用适当的冷却润滑液。攻钢件时用机油，螺纹质量要求高时可用工业植物油。攻铸铁

件可加煤油。

（5）断丝锥取出方法　在攻制较小螺孔时，常因操作不当，会造成丝锥断在孔内。如果不能取出，或即使取出而使螺孔损坏，都将使工件报废。在取断丝锥前，都应先将螺孔内的切屑及丝锥碎屑清除干净，防止回旋时再将断丝锥卡住。去除碎屑时可使用铁丝或小号凿子。如果孔较深，可以向孔内吹入压缩空气清洁丝锥。并加入适当的润滑液，如煤油，机油等，来减小摩擦阻力。

拆下断裂的丝锥前最好搞清楚导致断裂的原因。例如：如果是定位孔太小，丝锥会咬入材料中，从而损坏。大多数情况下靠近孔口的部位最容易断裂，不要采用沿松动方向敲击的方式拆下丝锥。根据断裂丝锥的尺寸和材质选择最合适的拆卸方式。

如果折断部分距孔口较浅，可采用手锤敲击冲子的方式取出。沿松动方向转动丝锥，小心不要破坏孔口的螺纹。如图2-7-9(a) 所示。

如果断裂部分还露在孔外，就用钳子夹住丝锥，然后沿松动方向转动取出，如图2-7-9(b) 所示。

如果丝锥较大，可根据丝锥槽数选用3脚或4脚工具将它取出。把插脚伸进槽内小心地将丝锥旋出，如图2-7-9(c) 所示。

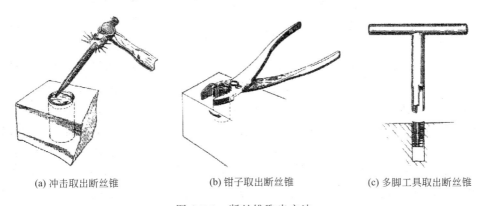

(a) 冲击取出断丝锥　　(b) 钳子取出断丝锥　　(c) 多脚工具取出断丝锥

图 2-7-9　断丝锥取出方法

在一般情况下，也可用在带方榫的断丝锥上拧上两个螺母，用钢丝插入断丝锥和螺母间的容屑槽中，然后用铰手顺着退转方向扳动方榫，把断在螺孔中的丝锥带出来。

当断丝锥与螺孔契合牢固而不能取出时，可在断丝锥上焊上便于施力的弯杆，或用电焊小心地在断丝锥上堆焊出一定厚度的便于施力的金属层，然后用工具旋出。

如果以上办法不奏效，可用喷灯沿孔圆周表面加热，然后试着取出。在大多数情况下这种方法都会奏效。

二、板牙

板牙是套螺纹用的工具。所谓套螺纹，就是用板牙在圆杆上切削出外螺纹的操作。套螺纹工具由板牙和板牙架组成。如图2-7-10所示。板牙架是装夹板牙的工具，它上面有紧固螺钉，用以固定装在其中的板牙。

1. 板牙的构造

板牙由切削部分、校准部分和排屑孔组成。其本身就像一个圆螺母，在它上面钻有几个排屑孔而形成刀刃。如图2-7-11所示。

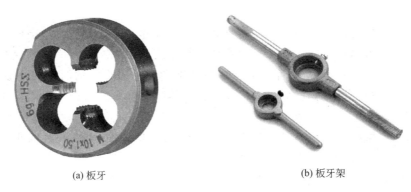

(a) 板牙　　　　　　　　　(b) 板牙架

图 2-7-10　板牙和板牙架

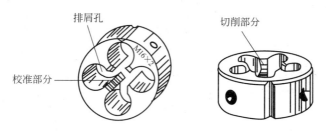

图 2-7-11　板牙的构造

切削部分是板牙两端有切削锥角的部分。板牙的中间一段是校准部分，也是套螺纹时的导向部分。板牙的校准部分因磨损会使螺纹尺寸增大而超出公差范围。因此，为延长板牙的使用寿命，常用的圆板牙，在外圆上有四个锥坑和一条 V 形槽，起调节板牙尺寸的作用。其中的两个锥坑，其轴线与板牙直径方向一致，借助铰手上的两个相应位置的紧固螺钉顶紧后，用以套螺纹时传递扭矩。另外两个与板牙中心偏心的锥坑起调节作用。当板牙磨损，套出的螺纹尺寸变大，以致超出公差范围时，可用锯片砂轮沿板牙 V 形槽将板牙磨割出一条通槽，用铰手上的另两个紧固螺钉，拧紧顶入板牙上面两个偏心的锥坑内，让板牙产生弹性变形，使板牙的螺纹中径变小，以补偿尺寸的磨损。调整时，应使用标准样件进行尺寸校对。板牙两端面都有切削部分，待一端磨损后，可换另一端使用。

2. 板牙的类型

板牙按外形和用途可分为圆板牙、方板牙、六角板牙和管形板牙，如图 2-7-12 所示。其中以圆板牙应用最广，规格范围为 M0.25～M68。当加工出的螺纹中径超出公差时，可将板牙上的调节槽切开，以便调节螺纹的中径。

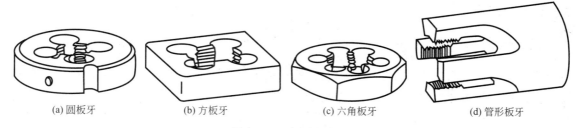

(a) 圆板牙　　　　(b) 方板牙　　　　(c) 六角板牙　　　　(d) 管形板牙

图 2-7-12　板牙的类型

圆板牙分为固定式和可调式两种。可调式圆板牙也称为开口式圆板牙。如图 2-7-13 所示。

(a) 固定式圆板牙

(b) 可调式圆板牙

图 2-7-13　圆板牙的类型

开口式圆板牙因其直径可以调整，因此是应用最为广泛的普通外螺纹切削工具。开口式圆板牙的开始端有 2~2.5 个螺扣被切削成锥形，这种设计使得板牙斜切面直径较大，能够保证板牙可以很容易切入被加工材料，如图 2-7-14 所示。需要注意的是，在套螺纹起始时，应保持板牙锥角朝下。

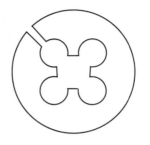
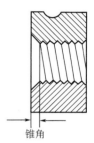
锥角

图 2-7-14　开口式圆板牙的锥角设计

3. 板牙的使用

（1）套螺纹流程　在汽车修配作业中，套螺纹主要用于螺栓或螺杆外螺纹的修复。通常遵循以下操作流程：

① 将螺母插入螺栓检查牢固程度。

② 用游标卡尺测量螺栓外径，以选出标准尺寸。

③ 用螺距量规测量螺距。

④ 根据测得的螺栓外径和螺距，选择合适的板牙。

⑤ 利用板牙修理螺栓。

⑥ 用刷子清理切屑。

⑦ 将螺母置入螺栓确认螺栓转动。

（2）套螺纹方法　套螺纹前应检查圆杆直径，太大难以套入，太小则套出螺纹不完整。为便于板牙顺利导入，套螺纹的圆杆必须倒角，通常为 60°，如图 2-7-15 所示。

起套时，用右手掌按住板牙架中部，沿圆杆的轴向施加压力，左手配合使板牙架顺向旋进，转动要慢，压力要大，并保证板牙端面与圆杆垂直，不歪斜。在板牙旋转切入圆杆 2~3 圈时，要及时检查板牙与圆杆垂直情况并及时校正，应从两个方向进行垂直度的及时校正，这是保证套螺纹质量的重要一环。进入正常套螺纹后，不再加压力，让板牙自然引进，以免损坏螺纹和板牙，并经常倒转以断屑，如图 2-7-16 所示。套螺纹时，由于板牙切削部分的锥角较大，起套时的导向性较差，容易产生板牙端面与圆杆轴心线的不垂直，造成切出的螺纹牙形一面深一面浅，并随着螺纹长度的增加，其歪斜现象将按比例明显增加，甚至不能继续切削。起套的正确性以及套螺纹时控制两手用力均匀和掌握好最大用力限度，是影响套螺纹质量的关键因素。

（3）套螺纹注意事项　用板牙在工件上套螺纹时，材料因受到撞压而变形，牙顶将被挤高一些。所以圆杆直径应稍小于螺纹大径的尺寸。

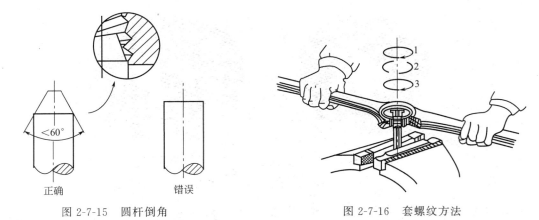

图 2-7-15　圆杆倒角　　　　图 2-7-16　套螺纹方法

在钢件上套螺纹时要加冷却润滑液，以减小加工螺纹的表面粗糙度和延长板牙使用寿命。一般可用机油或较浓的乳化液，要求高时可用工业植物油。

课后练习题

1. 操作练习：正确使用丝锥攻出 M8×1.25 的螺纹孔。
2. 操作练习：正确使用板牙套出 M8×1.25 的螺纹杆。

第三章 汽车修配专用工具

在汽车修配工作中，有些修配作业必须要使用专用工具才能够完成。本章就汽车修配项目中经常用到的专业工具的使用方法和注意事项进行介绍。

第一节 活塞环装配专用工具

一、活塞环拆装钳

汽车发动机的活塞环镶放在活塞环槽内，如果想取出或装入，必须克服活塞环的弹力，使活塞环内径要大于活塞直径，才能正常取出。如果不使用活塞环拆装钳而直接手工拆卸，很容易由于用力不均把活塞环折断，所以拆卸活塞环时必须要采用专用工具进行，这种专用工具就是活塞环拆装钳。

1. 活塞环拆装钳的构造

活塞环拆装钳是一种用于将活塞环从活塞环槽中取出或将活塞环装入活塞环槽中的汽车修配专用工具。其结构如图3-1-1所示。

2. 活塞环拆装钳的使用

如图3-1-2所示，使用活塞环拆装钳时，用环卡卡住活塞环开口间隙，轻握手柄慢慢收缩，在杠杆力的作用下，活塞环会逐渐张开，当其略大于其活塞直径时，便可将活塞环从环槽内装入或取出。

使用时，活塞环要与钳面紧贴，手柄要轻握；张开活塞环时，不可用力过猛，以防滑脱；同时，张开开口不宜过大，以防活塞环折断。

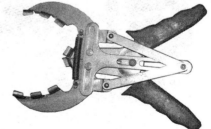

图3-1-1 活塞环拆装钳的结构

二、活塞环压缩器

由于活塞环本身弹性的作用，活塞环在自由状态下的外圆直径将大于活塞直径及汽缸直径，因此，如果想将活塞及活塞环装入汽缸，就必须要将活塞环包紧在活塞环槽内，这就需要使用压缩活塞环的专用工具——活塞环压缩器。

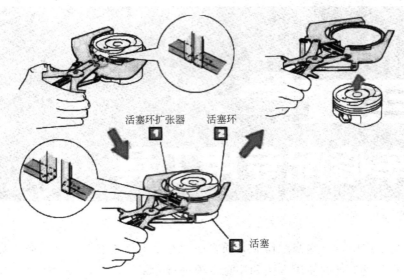

图 3-1-2 活塞环拆装钳的使用方法

1. 活塞环压缩器的类型

如图 3-1-3 所示,活塞环压缩器一般用带有刚性的铁皮制成,按照结构的不同,活塞环压缩器通常可分为棘轮缩紧式和钳夹式两种类型。活塞环压缩器的大小、型号有所不同,选用时要根据活塞的直径选择合适的压缩器。另外,在有些汽车 4S 店中,由于维修车型比较单一,在安装活塞时经常使用尺寸固定的压环器,其形状为锥形管状体,将装好活塞环的活塞及连杆放入压环器内,由于锥形结构将使活塞环自动压入活塞内,活塞连杆组就能很容易地进入汽缸了。

(a) 棘轮缩进式　　　　(b) 钳夹式　　　　(c) 固定尺寸式

图 3-1-3 活塞环压缩器的类型

2. 活塞环压缩器的使用

在安装活塞环之前,应按原厂规定检查每个环的弹力、漏光度和各项间隙是否符合标准。安装时,要在活塞及活塞环四周涂好机油,按照要求进行装配,注意活塞环的正反方向等事项。

安装活塞环时,应将各环口位置正确地分布后,将活塞环压缩器包裹在活塞的外面,然后使用配套扳手收缩压缩器(或用配套钳子夹紧压缩器),将活塞环压入环槽内。如图 3-1-4 所示。

将带压缩器的活塞下部放入汽缸内,并要求压缩器的下平面要和汽缸体的上平面结合好。使用木棒等工具轻击活塞顶部,使活塞顺利进入汽缸内。严禁使用金属棒锤击活塞顶部，防止对活塞造成损伤。如图 3-1-5 所示。

注意：无论使用哪种活塞环压缩器，都要防止活塞环环口随压缩器的旋转而改变位置。

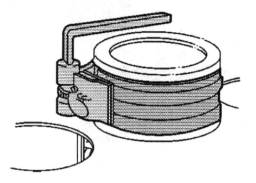

图 3-1-4　收缩压缩器压紧活塞环

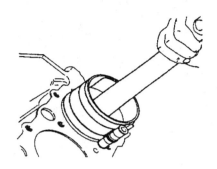

图 3-1-5　压入活塞

课后练习题

1. 操作练习：正确使用活塞拆装钳拆卸和安装活塞上的两道气环。
2. 操作练习：正确使用活塞环压缩器将活塞安装到汽缸内。

第二节　气门修配专用工具

一、气门弹簧钳

气门弹簧钳是专门用于拆装气门的专用工具。在安装发动机气门时，气门弹簧处于预压缩状态，要想拆卸气门或气门锁片，必须对气门弹簧进行压缩。

1. 气门弹簧钳的类型

气门弹簧钳的结构形式很多，常见类型如图 3-2-1 所示。

图 3-2-1　气门弹簧钳的类型

2. 气门弹簧钳的使用

如图 3-2-2 所示，使用气门弹簧钳时，将凸台顶住气门头部，压头贴住气门弹簧座，然后下压手柄（或旋动压缩螺杆）带动压头和气门弹簧下行，使锁片脱落在压头的凹槽内。

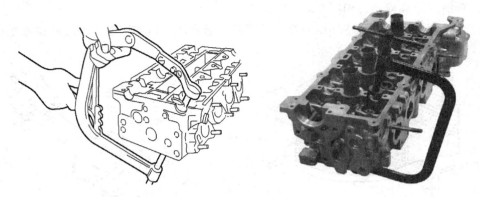

图 3-2-2　两种气门弹簧钳的使用方法

使用磁棒取出气门锁片后，解除压头的锁止装置，轻轻回位下压手柄（或旋松压缩螺杆），使气门弹簧压力释放，这样就可以轻松地取下气门弹簧及气门了。

为使气门弹簧钳活动自如，气门弹簧钳的活动部分应保持良好的润滑。

二、气门油封钳

气门油封钳是专门用于拆卸气门油封的专用工具。如图 3-2-3 所示，气门油封钳的铰接结构与普通钳子类似，主要区别在于其夹持用的端部，端部形状与气门油封外形吻合，啮合后其内径尺寸小于气门油封的外径尺寸，这样可以夹紧气门油封，同时，在端部内侧还设有槽纹，能够增大夹持摩擦力，防止在拆卸过程中气门油封从钳中脱落。

在拆卸气门油封时，将气门油封钳的前端部伸入气门油封的外侧，用手握住钳子手柄（应注意控制好握力的大小，如果握力过大，气门油封就会变形紧卡在气门导管上，难以拆卸，严重的话还可能伤及气门导管；如果握力过小，钳子无法夹住气门油封，油封就会从钳中滑脱）。使钳子端部正好钳住气门油封，然后向外拉拔，必要时可以缓慢转动气门油封，使之与气门导管脱落。如图 3-2-4 所示。

图 3-2-3　气门油封钳

图 3-2-4　拆卸气门油封的方法

三、气门铰刀

在维修发动机配气机构时，如果气门与气门座密封不严，就需要进行铰削和研磨工艺，这就必须选用汽车维修专用气门铰刀。如果气门导管磨损严重，铰削和研磨工艺应在导管修配后进行。如图 3-2-5 所示，手用气门铰刀是一套组合工具，由导杆、手柄和不同角度的铰刀头组成。

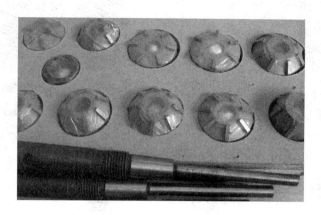

图 3-2-5　气门铰刀组合工具

1. 气门铰刀的类型

在实际维修时，应根据气门的直径和气门导管内径来选择铰刀和铰刀导杆。根据作用不同，铰刀头可分为 15°、30°、45° 及 75° 等多种类型，如图 3-2-6 所示。

图 3-2-6　不同倾角的气门铰刀

2. 气门铰刀的使用

选择好导杆和铰刀头后进行组装（如图 3-2-7 所示），把导杆的下端置于气门导管内，起导向和定位作用。铰削气门座时，导杆要保持垂直，两手用力要均匀，转动要平稳，将气门工作面的烧蚀、斑点、凹陷等缺陷铰去。如图 3-2-8 所示。

如图 3-2-9 所示，铰削时，用 45° 或 30° 铰刀铰削气门座的工作面，用 75° 铰刀铰削 15° 上斜面，用 15° 铰刀铰削 75° 下斜面。15° 和 75° 铰刀主要用于修正工作面位置及接触面大小。接触面偏上时，用 75° 铰刀铰上口，使接触面下移；接触面偏下时，用 15° 铰刀铰下口，使接触面上移。

铰削结束后，应保证气门与气门座的接触面位于气门头部锥面的中下部，接触面宽度为：进气门 1～2mm，排气门 1.5～2.5mm。如果接触面位置和尺寸不符合要求，可使用 45° 或 30° 铰刀进行修铰。

图 3-2-7　组装导杆和铰刀头

图 3-2-8　铰削气门座

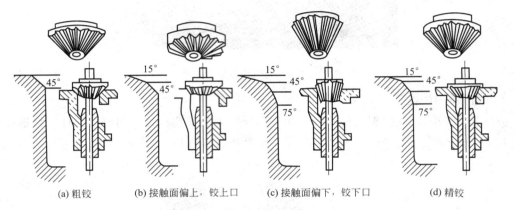

(a) 粗铰　　(b) 接触面偏上，铰上口　　(c) 接触面偏下，铰下口　　(d) 精铰

图 3-2-9　不同倾角气门铰刀的使用

课后练习题

操作练习：正确使用气门弹簧钳拆卸和安装气门弹簧。

2. 操作练习：正确使用气门油封钳拆卸气门油封。

3. 操作练习：正确使用气门铰刀修复气门口。

第三节　机油滤清器拆装专用工具

常见的一次性机油滤清器直径都在 8cm 以上，顶部被冲压成多棱面，类似一个大的螺母，如要拆装，需要使用专用的机油滤清器扳手。常见的机油滤清器扳手类型很多，结构各异，主要有以下几种。

一、杯式机油滤清器扳手

杯式机油滤清器扳手类似一个大型套筒，拆卸不同车型的机油滤清器需要不同尺寸的扳手，因此多为一套组合式工具。如图 3-3-1 所示。

使用时，将杯式机油滤清器扳手套在机油滤清器顶部的多棱面上，使用方法同套筒扳手。

二、钳式机油滤清器扳手

钳式机油滤清器扳手是另外一种机油滤清器专用扳手，这种机油滤清器扳手是钳子的改型产品，如图 3-3-2 所示，其使用方法与鲤鱼钳相同。

三、环式机油滤清器扳手

环式机油滤清器扳手，其结构为一个可调大小的环形，环形内侧设计为锯齿状，如图 3-3-3 所示。

图 3-3-1　杯式机油滤清器扳手

图 3-3-2　钳式机油滤清器扳手

图 3-3-3　环式机油滤清器扳手

使用时将其套在滤清器顶部的棱面上，扳动手柄，扳手的环形会根据滤清器大小合适地卡在棱面上，顺利地完成拆装工作。

四、三爪式机油滤清器扳手

如图 3-3-4 所示为三爪式机油滤清器扳手。三爪式机油滤清器扳手需配套套筒手柄或扳手使用，其内部设计有行星排传递机构，可根据机油滤清器大小自动调节三爪的大小。

五、链式机油滤清器扳手

如图 3-3-5 所示为链式机油滤清器扳手。在没有专用机油滤清器扳手的情况下，可使用这种链条扳手替代专用扳手，达到拆卸机油滤清器的目的。

图 3-3-4　三爪式机油滤清器扳手

图 3-3-5　链式机油滤清器扳手

六、带式机油滤清器扳手

如图 3-3-6 所示为带式机油滤清器扳手。其结构与链式机油滤清器扳手类似，只是用于缩紧机油滤清器壳体的不是链条，而是皮带或布带。其使用方法与链式机油滤清器扳手相同。

七、机油滤清器扳手使用注意事项

在上述的各种类型机油滤清器扳手中，杯式机油滤清器扳手和带式机油滤清器扳手既可以用来拆卸机油滤清器，也可以用来安装拧紧机油滤清器。通常机油滤清器的拧紧力矩为 15N·m。

图 3-3-6　带式机油滤清器扳手

但钳式机油滤清器扳手、环式机油滤清器扳手、三爪式机油滤清器扳手和链式机油滤清器扳手只能用来拆卸机油滤清器，而不能用来拧紧机油滤清器。这是因为，这几种机油滤清器扳手的施力部位均会对机油滤清器壳体造成挤压，可能导致机油滤清器破损漏油。

提示：在安装机油滤清器时，必须检查并清洁机油滤清器安装面，另外，还应在密封圈的表面涂上一层机油，以保证密封可靠，并可防止损伤密封圈。

课后练习题

操作练习：选择合适的机油滤清器扳手，正确拆卸和安装机油滤清器。

第四节　底盘拆装专用工具

一、减振器弹簧压缩器

减振器在装配时，向减振弹簧施加了很大的压缩力。要想更换减振阻尼器，必须拆卸减振器弹簧，要拆卸减振器弹簧，就必须要使用专用的减振器弹簧压缩器工具对弹簧进行压缩。

1. 减振器弹簧压缩器的类型

常用的减振器弹簧压缩器主要有两种（如图 3-4-1 所示）：一种是简易式减振器弹簧压缩器，它在两根长杆上加工有螺纹，在螺纹杆上设计有爪形钩；另一种是立式减振器弹簧压缩器，该压缩器的立柱的下端设有减振器固定器，通过螺栓可以将减振器的外筒壳体进行固定，在立柱中间装有一根齿条轴，通过旋转手柄可以使齿条轴上下移动，在齿条轴的顶端装有两个可绕齿条轴进行一定角度转动的减振器弹簧固定支架，在每个支架上都装有一个可调的爪形钩，用以嵌住和抓牢弹簧。旋转手柄带动的齿轮与齿条间有自锁功能，当向下压缩弹簧到一定程度时，松开手柄，弹簧会保持在压缩位置不动，要释放对弹簧的压力，只要先向下再压缩下弹簧，然后反方向旋转手柄即可。

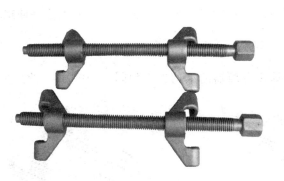

(a) 简易式减振器弹簧压缩器

(b) 立式减振器弹簧压缩器

图 3-4-1　减振器弹簧压缩器的类型

2. 减振器弹簧压缩器的使用

在使用简易式减振器弹簧压缩器时，先将减振器弹簧压缩器对置于螺旋弹簧的两端，使爪形钩固定于弹簧上。保证两螺纹杆间隔 180°对置。爪形钩固定好后，使用扳手转动螺纹杆，使两爪形钩之间的距离变短，这样就可以将螺旋弹簧进行压缩。如图 3-4-2 所示。

在压缩螺旋弹簧时，一定要保证两根螺旋杆的压缩程度相同，防止滑脱造成安全事故。压缩减振器弹簧时，一定要保证爪形钩牢牢地固定住弹簧，如果爪形弹簧在操作中弹开，将会造成严重后果，甚至对操作者的生命安全构成威胁。

如图 3-4-3 所示，在使用立式减振器弹簧压缩器时，先将减振器的弹簧托盘下端放稳在压缩器的下端支架上，将紧固螺栓带上几扣，防止减振器掉落，但同时应保证减振器可以沿竖直轴线自由转动；调整齿条轴高度和减振器角度，使齿条轴顶端的两个减振器弹簧固定支架能够合适地抓紧弹簧，然后将压缩器下端支架的紧固螺栓锁紧。转动手柄压缩弹簧，防止释放弹簧。应当注意，无论是压缩弹簧还是释放弹簧都要缓慢进行，双手要始终施力在手柄上，直到作业完成，切不开中途松开手柄，以免发生弹簧飞脱的事故。

图 3-4-2　使用简易式减振器弹簧压缩器压缩弹簧

图 3-4-3　使用立式减振器弹簧压缩器压缩弹簧

二、球头分离器

有些球头在汽车上使用时间过长，已经锈死，很难拆卸。球头分离器是使球头分离的一种很好的专用工具。

1. 球头分离器的类型

根据球头的位置不同，设计的球头分离器的结构也不相同，如图 3-4-4 所示。

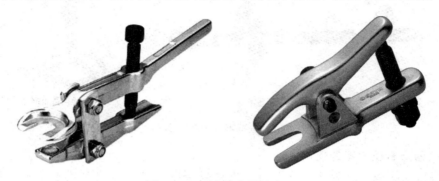

图 3-4-4　球头分离器的类型

2. 球头分离器的使用

在空间受到限制时，利用球头分离器可直接轻易地拆除横拉杆球头。如图 3-4-5 所示，使用球头分离器时，将其开口插入转向节与下悬臂之间，使用扳手旋动球头分离器后端的螺栓顶动压臂，使压臂将球头压下。

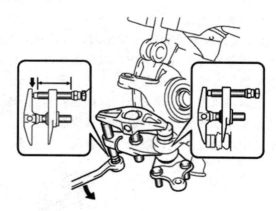

图 3-4-5　球头分离器的使用方法

三、拉拔器

1. 拉拔器的结构

拉拔器也称拉卸器或扒马，俗称扒子，是用于汽车维修中静配合副和轴承部位拆卸的专用工具，常见的拉拔器有两爪和三爪两种类型，如图 3-4-6 所示。拉拔器的结构由拉臂和中心螺杆组成，螺杆前端加工为锥形，后端有供扳手拧动的内六角。

2. 拉拔器的使用

如图 3-4-7 所示，使用拉拔器时，将中心螺杆的前端锥形顶在固定部件的导向凹槽或孔中，将拉拔器的爪脚固定在需要拆卸部件的边缘，旋拧中心螺杆使拉拔器的爪脚抓紧需要拆卸部件的边缘，使中心螺杆与部件轴线保持一致，各爪脚受力均匀，然后利用扳手拧动中心螺杆，使需要拆卸的部件在爪脚的拉拔下被拆卸下来。

利用拉拔器拆卸部件，不会破坏工件配合性质和工作表面，如拆卸曲轴皮带轮、齿轮等零件应选用三爪拉拔器，而拆卸轴承等零件最好使用两爪拉拔器。

图 3-4-6　拉拔器的结构

图 3-4-7　拉拔器的使用方法

课后练习题

1. 操作练习：正确使用减振器弹簧压缩器拆卸和安装减振器弹簧。
2. 操作练习：正确使用球头分离器拆卸转向横拉杆球头。
3. 操作练习：正确使用拉拔器拆卸方向盘。

第四章 汽车修配常用量具

在汽车修配工作中，会经常进行工件尺寸、配合间隙或磨损量大小的测量，这就需要用到各种不同种类的测量工具。本章以机械测量为主，介绍各种测量用尺和测量仪表的使用方法。

第一节 尺式量具

一、钢直尺

1. 钢直尺的规格

钢直尺是最简单的长度测量工具，用钢材或不锈钢材打造而成，它一般用于精度要求不高的测量，可以直接测量出工件的尺寸。钢直尺长度分为 150mm、200mm、300mm、500mm 等多种规格，最小刻度是 0.5mm。汽修厂较多使用 150mm 和 300mm 这两种规格。图 4-1-1 所示的是常用的 150mm 钢直尺。

图 4-1-1　150mm 钢直尺

2. 钢直尺的使用

钢直尺用于测量零件的长度尺寸（如图 4-1-2 所示），在所有的测量工具中，钢直尺的精确度最差。这是由于钢直尺的刻线间距为 1mm，而刻线本身的宽度就有 0.1～0.2mm，所以测量时读数误差比较大，只能读出毫米数，即它的最小读数值为 1mm，比 1mm 小的数值，只能估计而得。如果用钢直尺直接去测量零件的直径尺寸（轴径或孔径），则测量精度更差。其原因是：除了钢直尺本身的读数误差比较大以外，还由于钢直尺无法正好放在零件直径的正确位置。

使用钢直尺前应先检查钢直尺各部位有无损伤，不允许有影响使用性能的外观缺陷，例如碰弯、划痕、刻度断线或看不清刻度线等缺陷。

使用钢直尺时，要以端边的"0"刻线作为测量基准。这样，在测量时不仅容易找到测量基准，而且便于读数和计数。最好的方式是用拇指将钢直尺按住，使其贴靠在工件上。

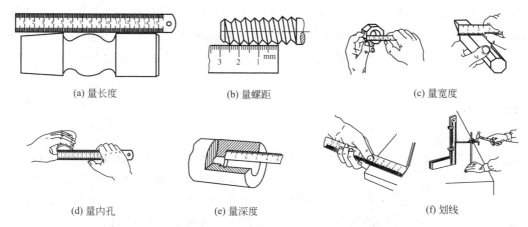

图 4-1-2 钢直尺的使用方法

测量时，钢直尺要放平、放正，刻度面朝上、朝外，不得前后、左右歪斜，否则，从尺上读得的数比被测得实际尺寸大。

读数时，视线必须与尺面相垂直，以免读数产生误差；被测平面要平，否则测出的数不是被测件的实际尺寸。

用钢直尺测量圆柱形的圆形截面直径时，钢直尺的端边要与被测面的边缘相切，然后左右摆动钢直尺，找出最大尺寸，即为所测圆形直径尺寸。

有悬挂孔的钢直尺，使用后必须用干净的棉丝擦干净，然后悬挂起来，使其自然下垂。如果没有悬挂孔，则将钢直尺擦净后平放在平板、平台或平尺上，防止其受压变形。如果较长时间不用，则应将钢直尺涂上防锈油。存放地点应选择温度低、湿度低的地点。

二、钢卷尺

一般来讲，钢卷尺的刻度单位与钢直尺刻度单位相同。钢卷尺按其结构可分为自卷式卷尺和自动式卷尺两种。

1. 钢卷尺的构造

钢卷尺由一条薄的富有弹性的钢带制成，其整条钢带上刻有长度标志。钢带两边最小刻度为毫米（mm），总长度有 2m、3m、4m、5m、10m、15m 等类型，如图 4-1-3 所示。钢卷尺通常用来测量长度超过 1m 的零部件。

2. 钢卷尺的使用

钢卷尺在使用前，首先要检查卷尺的各个部位：对自卷式和制动式卷尺来说，拉出和收入卷尺时，应轻便、灵活、无卡住现象；制动时，卷尺的按钮装置应能有效地控制尺带收卷，不得有阻滞失灵现象；尺带表面不得有锈迹和明显的斑点、划痕，线纹应十分清晰。

图 4-1-3 钢卷尺

使用卷尺应以"0"点端为测量基准，这样便于读数。当以非"0"点端为基准测量物品时，要特别注意起始端的数字，不然在读数时易读错。使用卷尺和使用钢直尺一样，不得前后左右歪斜，而且要拉紧尺带进行测量。

使用自卷式或制动式卷尺时，拉出尺带不得用力过猛，而应徐徐拉出，用完后也应让它徐徐退回。对于制动式卷尺，应先按下制动按钮，然后徐徐拉出尺带，用完后按下制动按钮，尺带自动收卷。尺带自动收卷时，应防止尺带伤人。收回尺带时，应注意尺带只能卷不能折。

三、塞尺

1. 塞尺的构造

塞尺又称厚薄规或间隙片，是由许多层厚薄不一的薄钢片组成，这些薄钢片被研磨或滚压成为精确的厚度，通常都是成套供应。每把塞尺中的每片具有两个平行的测量平面，且都有厚度标记，以供组合使用。如图 4-1-4 所示。

图 4-1-4　塞尺

2. 塞尺的应用

在汽车维修工作中，塞尺主要用于测量活塞与汽缸间隙、活塞环槽和活塞环间隙、气门间隙、齿轮啮合间隙、触点间隙和一些接触面的平直度等，如图 4-1-5 所示。

 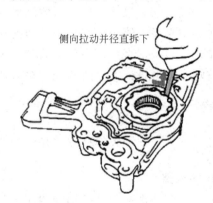

图 4-1-5　塞尺的应用

3. 塞尺的使用

每条钢片标出了厚度（单位为 mm），它们可以单独使用，也可以将两片或多片组合在一起使用，以便获得所要求的厚度，最薄的一片可以达到 0.02mm。常用塞尺长度有 50mm、100mm、200mm 三种。

使用塞尺前必须将钢片擦净，不得有污垢、锈蚀及杂物。使用塞尺时应根据结合面的间隙情况选用塞尺片数，但片数愈少愈好，因为片数重叠过多会增加测量误差。使用塞尺测量时，应根据间隙的大小，先用较薄片试插，逐步加厚，可以一片或数片重叠在一起插入间隙内，插入深度应在 20mm 左右。塞尺必须平整插入，松紧适度，所插入的钢片厚度即为间隙尺寸。例如，用 0.2mm 的塞尺片刚好能插入两工件的缝隙中，而 0.3mm 的塞尺片插不进，则说明两工件的结合间隙为 0.2mm。

由于塞尺很薄，容易弯曲或折断，所以测量时不能用力太大（如图 4-1-6 所示）。测量时应在结合面的全长上多处检查，取其最大值，即为两结合面的最大间隙量。

当塞尺同一把直尺一起使用时，塞尺可用来检查零件的平直度，如汽缸盖的平直度。

塞尺使用完毕后要将测量面擦拭干净，并涂油，并及时将测量片合到夹板中去，以免损伤各金属薄片。如发现有折损或标示刻度已经模糊不清的塞尺应予以更新。

四、游标卡尺

游标卡尺又称四用游标卡尺，简称卡尺，是由刻度尺和卡尺制造而成的精密测量仪器，能够正确且简单地从事长度、外径、内径及深度的测量。如图 4-1-7 所示。

图 4-1-6 避免塞尺弯曲

图 4-1-7 游标卡尺

1. 游标卡尺的组成

如图 4-1-8 所示，游标卡尺主要由下列几部分组成。

（1）具有固定量爪的尺身。尺身上有类似钢尺一样的主尺刻度。主尺刻度是以毫米为单位来划分，将 1cm 平均分为 10 个刻度，刻线间距为 1mm。在厘米刻度线上标有数字 1、2、3 等，表示为 1cm、2cm、3cm 等（或者在厘米刻度线上标注数字 10、20、30 等，表示为 10mm、20mm、30mm 等）。主尺的长度决定于游标卡尺的测量范围。在汽车修配中，经常用到的游标卡尺的测量范围是 0～150mm。

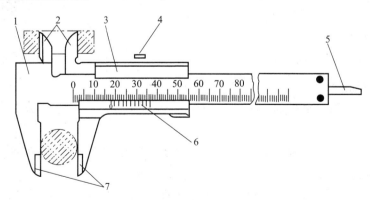

图 4-1-8 游标卡尺的结构

1—尺身；2—上量爪；3—尺框；4—紧固螺钉；5—深度尺；6—游标；7—下量爪

（2）具有活动量爪的尺框。尺框上有游标。游标卡尺根据最小刻度的不同一般分为 0.05mm 和 0.02mm 两种。若游标上有 50 个刻度，每刻度表示 0.02mm；若游标上有 20 个刻度，每刻度表示 0.05mm，如图 4-1-9 所示。游标读数值，就是指使用这种游标卡尺测量零件尺寸时，卡尺上能够读出的最小数值。在汽车维修工作中，0.02mm 精度的游标卡尺使用最多。

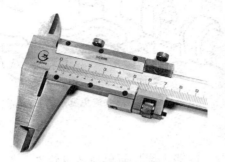
(a) 0.02mm精度游标卡尺

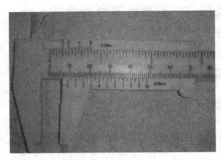
(b) 0.05mm精度游标卡尺

图 4-1-9　游标卡尺的不同精度

（3）测量深度的深度尺。深度尺固定在尺框的背面，能随着尺框在尺身的导向凹槽中移动。测量深度时，应把尺身尾部的端面靠紧在零件的测量基准平面上。

机械式游标卡尺都存在一个共同的问题，就是读数不很清晰，容易读错，有时不得不借放大镜将读数部分放大。现有游标卡尺采用无视差结构，使游标刻线与主尺刻线处在同一平面上，消除了在读数时因视线倾斜而产生的视差；有的卡尺还装有测微表成为带表卡尺（如图 4-1-10 所示），便于读数准确，提高了测量精度；更有一种带有数字显示装置的游标卡尺（如图 4-1-11 所示），这种游标卡尺在零件表面上量得尺寸时，就直接用数字显示出来，使用极为方便，且测量精度可达到 0.005mm 或 0.001mm。

图 4-1-10　带表游标卡尺

图 4-1-11　电子式游标卡尺

2. 游标卡尺的读数

游标卡尺读数分为三个步骤，下面以图 4-1-12 所示的 0.02mm 游标卡尺的某一状态为例进行说明。

（1）读数时，首先读出游标零线左边与主刻度尺身相邻的第一条刻线的整毫米数，即为测得尺寸的整数值。图示为 31mm。

（2）再读出游标尺上与主刻度尺刻度线对齐的那一条刻度线所表示的数值（游标尺上一定有一条刻线与主尺的刻线对齐），即为测量的小数。图示为 0.42mm。

（3）最后将所得到的整数和小数部分相加，就得到最终的测量值。图示所测的总尺寸为 31.42mm。

按照相同的读数方法，图 4-1-13 所示的 0.05mm 游标卡尺的测量值为 10.85mm。

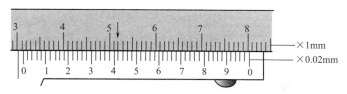

图 4-1-12 0.02mm 游标卡尺的读数

为确保读数的准确性，读数时要正对游标刻度，看准对齐的刻线，目光不能斜视，以减小读数误差。

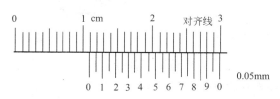

图 4-1-13 0.05mm 游标卡尺的读数

3. 游标卡尺的使用

（1）使用前的检查　使用游标卡尺时先应依照下列事项逐一检查：

① 测定量爪的密合状态：主尺、副尺（即游标尺）的量爪必须完全密合。内径测定用量爪在密合状态下，能够看到少许光线表示密合良好；反之，如果穿透光线很多，则表示量爪密合不佳。

② 零点校正：当量爪密切结合后，主副尺零点必须相互一致才是正确的。

③ 游标的移动状况：游标必须能够在主尺上轻轻地移动而不会发出声音才行。

（2）测量操作　在从事测量作业之前，必须事先清理测量零件及游标尺。

在测量外径时，需要将零件深夹在量爪中，如图 4-1-14(a) 所示，然后用右手拇指轻压游标卡尺，同时使测定工件和游标卡尺保持垂直状态。

内径尺寸的测量如图 4-1-14(b) 所示，首先是用拇指轻轻拉开副尺，并使主尺量爪与测定物件保持正确的接触，上下晃动，由指示的最大尺寸读取读数。

此外，用游标卡尺还可以测量汽车零部件的深度，如图 4-1-14(c) 所示。

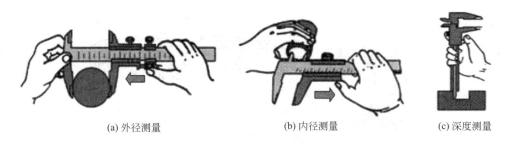

(a) 外径测量　　　　　　(b) 内径测量　　　　　(c) 深度测量

图 4-1-14 游标卡尺的测量操作

4. 游标卡尺维护注意事项

游标卡尺是一种精密的测量工具，要获得很好的精度应小心轻放和妥善保存。游标卡尺在使用之后，应清除灰尘和杂物并涂上防锈油，将其放回盒子里并放在不受冲击及不易掉下的地方保存。

五、外径千分尺

千分尺也称为螺旋测微器，如图 4-1-15 所示，它是利用螺纹节距来测量长度的精密测量仪器，是一种用于测量加工精度要求较高的零部件，汽车维修工作中一般使用可以测至 1/100mm 的千分尺，其测量精度可达到 0.01mm。

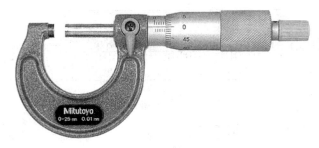

图 4-1-15 千分尺

外径千分尺是用于外径宽度测量的千分尺,测量范围一般为 0～25mm。根据所测零部件外径粗细,可选用测量范围为 0～25mm、50～75mm、75～100mm 等多种规格的千分尺,如图 4-1-16 所示。

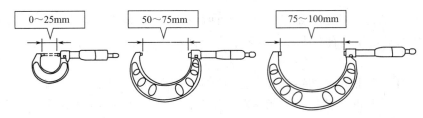

图 4-1-16 不同规格的千分尺

1. 外径千分尺的结构

各种千分尺的结构大同小异,由尺架、测微头、测力装置和制动器等组成。如图 4-1-17 所示,尺架 1 的一端装着固定测砧 2,另一端装着测微头。固定测砧和测微螺杆的测量面上都镶有硬质合金,以提高测量面的使用寿命。尺架的两侧面覆盖着绝热板 12,使用千分尺时,手拿在绝热板上,防止人体的热量影响千分尺的测量精度。

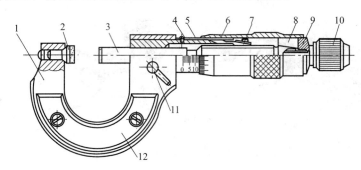

图 4-1-17 外径千分尺的结构
1—尺架;2—固定测砧;3—测微螺杆;4—螺纹轴套;5—固定刻度套筒;6—微分筒;
7—调节螺母;8—接头;9—垫片;10—测力装置;11—锁紧螺钉;12—绝热板

(1) 千分尺的测微头 图 4-1-17 中的 3～9 是千分尺的测微头部分。带有刻度的固定刻度套筒 5 用螺钉固定在螺纹轴套 4 上,而螺纹轴套又与尺架紧配结合成一体。在套筒 5 的外面有一带刻度的活动微分筒 6,它用锥孔通过接头 8 的外圆锥面再与测微螺杆 3 相连。测微螺杆 3 的一端是测量杆,并与螺纹轴套上的内孔定心间隙配合;中间是精度很高的外螺纹,与螺纹轴套 4 上的内螺纹精密配合,可使测微螺杆自如旋转而其间隙极小;测微螺杆另一端的外圆锥与内圆锥接头 8 的内圆锥相配,并通过顶端的内螺纹与测力装置 10 连接。当测力装置的外螺纹旋紧在测微螺杆的内螺纹上时，测力装置就通过垫片 9 紧压接头 8，而接头 8 上开有轴向槽，有一定的胀缩弹性，能沿着测微螺杆 3 上的外圆锥胀大，从而使微分筒 6 与测微螺杆和测力装置结合成一体。当用手旋转测力装置 10 时，就带动测微螺杆 3 和微分筒 6 一起旋转，并沿着精密螺纹的螺旋线方向运动，使千分尺两个测量面之间的距离发生变化。

（2）千分尺的测力装置 千分尺测力装置的结构如图 4-1-18 所示，主要依靠一对棘轮 3 和 4 的作用。棘轮 4 与转帽 5 连接成一体，而棘轮 3 可压缩弹簧 2 在轮轴 1 的轴线方向移动，但不能转动。弹簧 2 的弹力是控制测量压力的，螺钉 6 使弹簧压缩到千分尺所规定的测量压力。当手握转帽 5 顺时针旋转测力装置时，若测量压力小于弹簧 2 的弹力，转帽的运动就通过棘轮传给轮轴 1（带动测微螺杆旋转），使千分尺两测量面之间的距离继续缩短，即继续卡紧零件；当测量压力达到或略微超过弹簧的弹力时，棘轮 3 与 4 在其啮合斜面的作用下，压缩弹簧 2，使棘轮 4 沿着棘轮 3 的啮合斜面滑动，转帽的转动就不能带动测微螺杆旋转，同时发出嘎嘎的棘轮跳动声，表示已达到了额定测量压力，从而达到控制测量压力的目的。

当转帽逆时针旋转时，棘轮 4 是用垂直面带动棘轮 3，不会产生压缩弹簧的压力，始终能带动测微螺杆退出被测零件。

（3）千分尺的制动器 千分尺的制动器，就是测微螺杆的锁紧装置，其结构如图 4-1-19 所示。制动轴 3 的圆周上，有一个开着深浅不均的偏心缺口，对着测微螺杆 1。当制动轴以缺口的较深部分对着测量杆时，测量杆 1 就能在轴套 2 内自由活动，当制动轴转过一个角度，以缺口的较浅部分对着测量杆时，测量杆就被制动轴压紧在轴套内不能运动，达到制动的目的。

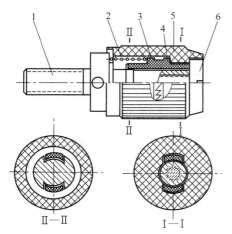

图 4-1-18 千分尺的测力装置
1—轮轴；2—弹簧；3,4—棘轮；5—转帽；6—螺钉

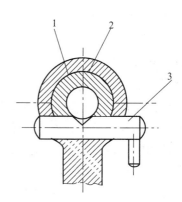

图 4-1-19 千分尺的制动器
1—测微螺杆；2—轴套；3—制动轴

2. 外径千分尺的工作原理

外径千分尺的工作原理就是应用螺旋读数机构，它包括一对精密的螺纹——测微螺杆与螺纹轴套，如图 4-1-17 中的 3 和 4，和一对读数套筒——固定套筒与微分筒，如图 4-1-17 中的 5 和 6。

用千分尺测量零件的尺寸，就是把被测零件置于千分尺的两个测量面之间。所以两测砧面之间的距离，就是零件的测量尺寸。当测微螺杆在螺纹轴套中旋转时，由于螺旋线的作用，测量螺杆就有轴向移动，使两测砧面之间的距离发生变化。如测微螺杆按顺时针的方向旋转一周，两测砧面之间的距离就缩小一个螺距。同理，若按逆时针方向旋转一周，则两砧面的距离就增大一个螺距。常用千分尺测微螺杆的螺距为 0.5mm。因此，当测微螺杆顺时针旋转一周时，两测砧面之间的距离就缩小 0.5mm。当测微螺杆顺时针旋转不到一周时，缩小的距离就小于一个螺距，它的具体数值，可从与测微螺杆结成一体的微分筒的圆周刻度上读出。微分筒的圆周上刻有 50 个等分线，当微分筒转一周时，测微螺杆就推进或后退 0.5mm，微分筒转过它本身圆周刻度的一小格时，两测砧面之间转动的距离为：0.5÷50＝0.01（mm）。

由此可知：千分尺上的螺旋读数机构，可以正确地读出 0.01mm，也就是千分尺的读数值为 0.01mm。

3. 千分尺的读数方法

在千分尺的固定套筒上刻有轴向中线，作为微分筒读数的基准线。另外，为了计算测微螺杆旋转的整数转，在固定套筒中线的两侧，刻有两排刻线，刻线间距均为 1mm，上下两排相互错开 0.5mm。

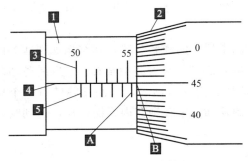

图 4-1-20 千分尺的读数方法
1—固定刻度套筒；2—微分筒；3—1mm 递增；
4—固定刻度套筒上的基准线；5—0.5mm 递增

千分尺的具体读数方法可分为三步：

（1）读出固定套筒上露出的刻线尺寸，一定要注意不能遗漏应读出的 0.5mm 的刻线值。

（2）读出微分筒上的尺寸，要看清微分筒圆周上哪一格与固定套筒的中线基准对齐，将格数乘 0.01mm 即得微分筒上的尺寸。

（3）将上面两个数相加，即为千分尺上测得尺寸。

如图 4-1-20 所示，在固定套筒上读出的尺寸"A"的读数为 55.50mm，微分筒上读出的尺寸"B"为 45（格）×0.01mm＝0.45mm（因为 45 刻度线对齐基准线），因此读数是：55.50mm＋0.45mm＝55.95mm。

4. 千分尺的使用方法

千分尺使用得是否正确，对保持精密量具的精度和保证产品质量的影响很大，因此在使用千分尺测量零件尺寸时，必须注意下列几点：

（1）使用前，应把千分尺的两个测砧面揩干净，转动测力装置，使两测砧面接触（若测量上限大于 25mm 时，在两测砧面之间放入校对量杆或相应尺寸的量块），接触面上应没有间隙和漏光现象，同时微分筒和固定套筒要对准零位。

（2）转动测力装置时，微分筒应能自由灵活地沿着固定套筒活动，没有任何轧卡和不灵活的现象。如有活动不灵活的现象，应送计量站及时检修。

（3）测量前，应把零件的被测量表面揩干净，以免有脏物存在时影响测量精度。绝对不允许用千分尺测量带有研磨剂的表面，以免损伤测量面的精度。用千分尺测量表面粗糙的零件亦是错误的，这样易使测砧面过早磨损。

（4）用千分尺测量零件时，应当手握测力装置的转帽来转动测微螺杆，使测砧表面保持标准的测量压力，即听到嘎嘎的声音，表示压力合适，并可开始读数。要避免因测量压力不等而产生测量误差。绝对不允许用力旋转微分筒来增加测量压力，使测微螺杆过分压紧零件表面，致使精密螺纹因受力过大而发生变形，损坏千分尺的精度。有时用力旋转微分筒后，虽因微分筒与测微螺杆间的连接不牢固，对精密螺纹的损坏不严重，但是微分筒打滑后，千分尺的零位走动了，就会造成质量事故。

（5）使用千分尺测量零件时（图 4-1-21），要使测微螺杆与零件被测量的尺寸方向一致。如测量外径时，测微螺杆要与零件的轴线垂直，不要歪斜。测量时，可在旋转测力装置的同时，轻轻地晃动尺架，使测砧面与零件表面接触良好。

（6）用千分尺测量零件时，最好在零件上进行读数，放松后取出千分尺，这样可减少测砧面的磨损。如果必须取下读数时，应用制动器锁紧测微螺杆后，再轻轻滑出零件。把千分尺当卡规使用是错误的，因为这样做不但易使测量面过早磨损，甚至会使测微螺杆或尺架发生变形而失去精度。

（7）在读取千分尺上的测量数值时，要特别留心不要读错 0.5mm。

图 4-1-21　外径千分尺的使用方法

（8）为了获得正确的测量结果，可在同一位置上再测量一次。尤其是测量圆柱形零件时，应在同一圆周的不同方向测量几次，检查零件外圆有没有圆度误差，再在全长的各个部位测量几次，检查零件外圆有没有圆柱度误差等。

（9）对于超常温的工件，不要进行测量，以免产生读数误差。

5. 千分尺的调整

千分尺在使用过程中，由于磨损，特别是使用不妥当时，会使千分尺的示值误差超差，所以应定期进行检查，进行必要的拆洗或调整，以便保持千分尺的测量精度。

（1）校正千分尺的零位　千分尺如果使用不妥，零位就要走动，使测量结果不正确，容易造成产品质量事故。所以，在使用千分尺的过程中，应当校对千分尺的零位。所谓"校对千分尺的零位"，就是把千分尺的两个测砧面揩干净，转动测微螺杆使它们贴合在一起（这是指 0~25mm 的千分尺而言，若测量范围大于 0~25mm 时，应该在两测砧面间放上校对样棒），检查微分筒圆周上的"0"刻线，是否对准固定套筒的中线，微分筒的端面是否正好使固定套筒上的"0"刻线露出来。如果两者位置都是正确的，就认为千分尺的零位是对的，否则就要进行校正，使之对准零位。

如果零位是由于微分筒的轴向位置不对，如微分筒的端部盖住固定套筒上的"0"刻线，或"0"刻线露出太多，0.5 的刻线搞错，必须进行校正。此时，可用制动器把测微螺杆锁住，再用千分尺的专用扳手，插入测力装置轮轴的小孔内，把测力装置松开（逆时针旋转），微分筒就能进行调整，即轴向移动一点。使固定套筒上的"0"线正好露出来，同时使微分筒的零线对准固定套筒的中线，然后把测力装置旋紧。

如果零位是由于微分筒的零线没有对准固定套筒的中线，也必须进行校正。此时，可用千分尺的专用扳手，插入固定套筒的小孔内，把固定套筒转过一点，使之对准零线。但当微分筒的零线相差较大时，不应当采用此法调整，而应该采用松开测力装置转动微分筒的方法来校正。

（2）调整千分尺的间隙　千分尺在使用过程中，由于磨损等原因，会使精密螺纹的配合间隙增大，从而使示值误差超差，必须及时进行调整，以便保持千分尺的精度。

要调整精密螺纹的配合间隙，应先用制动器把测微螺杆锁住，再用专用扳手把测力装置松开，拉出微分筒后再进行调整。由图 4-1-17 可以看出，在螺纹轴套上，接近精密螺纹一段的壁厚比较薄，且连同螺纹部分一起开有轴向直槽，使螺纹部分具有一定的胀缩弹性。同时，螺纹轴套的圆锥外螺纹上，旋着调节螺母 7。当调节螺母往里旋入时，因螺母直径保持不变，就迫使外圆锥螺纹的直径缩小，于是精密螺纹的配合间隙就减小了。然后，松开制动器进行试转，看螺纹间隙是否合适。间隙过小会使测微螺杆活动不灵活，可把调节螺母松出一点，间隙过大则使测微螺杆有松动，可把调节螺母再旋进一点。直至间隙调整好后，再把微分筒装上，对准零位后把测力装置旋紧。

六、轮胎花纹深度尺

轮胎花纹深度尺主要用来测量轮胎花纹的深度，以此判断汽车轮胎的磨损量。如图 4-1-22 所示，轮胎花纹深度尺有机械式和电子式两种。

(a) 机械式轮胎花纹深度尺　　　　(b) 电子数显式轮胎花纹深度尺

图 4-1-22　轮胎花纹深度尺的类型

如图 4-1-23 所示，在使用轮胎花纹深度尺时，利用深度尺测量轮胎的排水沟槽底部至轮胎花纹表面的深度（注意应避开沟槽底部的轮胎磨损标记），测量轮胎一圈上均匀分布的 4～5 个点，取测量的最小值。

图 4-1-23　轮胎花纹深度尺的使用方法

课后练习题

1. 操作练习：正确使用塞尺（辅助利用刀刃尺）测量汽缸上平面的平面度。
2. 操作练习：正确使用 0.02mm 精度的游标卡尺测量汽缸缸筒直径。

3. 操作练习：正确选用外径千分尺测量曲轴主轴径。
4. 操作练习：正确选用外径千分尺测量活塞直径。
5. 操作练习：正确使用轮胎花纹深度尺测量轮胎花纹的深度。

第二节　指示式量具

一、百分表

百分表利用指针和刻度将芯轴移动量放大来表示测量尺寸，它可以和夹具配合使用，主要用于测量工件的尺寸误差以及配合间隙。如图4-2-1所示。在进行汽车检测时，多采用最小刻度为1/100mm的百分表。

图4-2-1　百分表

1. 测量头的种类

百分表的测量头主要包括四种类型，分别为长型、辊子型、杠杆型和平板型，如图4-2-2所示。其中，长型适合在有限空间中使用；辊子型通常用于轮胎的凸、凹面测量；杠杆型用于测量不能直接接触的部件；平板型用于测量活塞突出部分等。

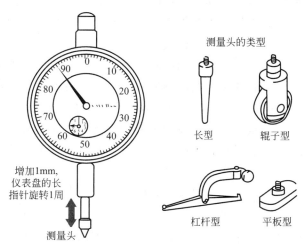

图4-2-2　百分表的测量头种类

2. 百分表的结构原理

百分表主要由齿条和小齿轮装配而成，它是利用指针和刻度将芯轴移动量放大来表示测量尺寸，主要用于测量工件的尺寸误差以及配合间隙。其工作原理如图 4-2-3 所示：百分表测量头和芯轴的移动量带动 1 号小齿轮转动，再利用同轴上的作动齿轮传递给 2 号小齿轮转动，于是装置在 2 号小齿轮上的指针（百分表中的长针）即能放大芯轴的移动量显示在刻度盘上。由于长针每一个回转相当于 1mm 的移动量，将刻度盘分刻 100 等份，所以测定的移动量可精确到 1/100mm。如图 4-2-4 所示。

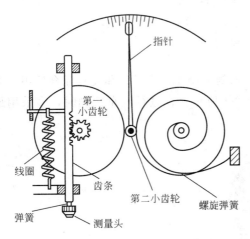

图 4-2-3 百分表的结构原理

图 4-2-4 百分表表盘

3. 百分表的读数

如图 4-2-4 所示，百分表表盘刻度分为 100 格，当量头每移动 0.01mm 时，大指针偏转 1 格；当量头每移动 1.0mm 时，大指针偏转 1 周、小指针偏转 1 格，相当于 1mm。另外百分表的表盘是可以转动的，以便于零位校准。

4. 百分表的使用

百分表要装设在支座上才能使用。目前的百分表多采用磁性支座，在该类型支座的内部设有磁铁，旋转支座上的旋钮使表座吸附在工具台上，因而又称磁性表座，如图 4-2-5 所示。此外，百分表还可以和夹具、V 形槽、检测平板和顶心台合并使用，从事弯曲、振动及平面状态的测定或检查。

图 4-2-5 百分表与支座配合使用

（1）曲轴圆跳动量测定　图 4-2-6 所示的是利用百分表进行曲轴弯曲度测定的情形。先将曲轴的两端支撑在检测平板上的 V 形槽中，然后将百分表固定在磁性支架上，调整百分表测量头使其顶住中央的轴颈部，接着慢慢地转动曲轴，如果曲轴有微小的弯曲，百分表就会将它放大在刻度盘上显示出来，即可看见指针转动。

测定时要注意的一点是，百分表的测量头顶住测定物时要保持垂直，并有一定的预压力，否则无法正确测定。如果百分表的测量头部分及 V 形槽支撑部分有部分磨耗时，得到的测定值是不准确的，一定要注意这一点。

（2）平面与平行度的检测　虽然汽缸盖、制动盘的变形可以用直尺来测定，但若使用百分表来测定，则能更准确地求得各部位的尺寸差。

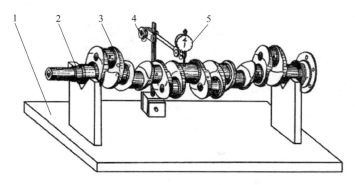

图 4-2-6 曲轴弯曲度测量
1—检验平台；2—V形铁块；3—曲轴；4—百分表架；5—百分表

图 4-2-7 所示为利用百分表对制动盘进行变形检查的情形。测定时以装置面为基准面，通过转动制动盘可以在百分表上观测到不同部位的数值即能发现各部位高低差，从而了解制动盘变形的情况。

5. 百分表使用维护注意事项

使用百分表时要注意以下两点：

（1）百分表内部构造和钟表相类似，应避免摔落或遭受强烈撞击。

（2）芯轴上不可涂抹机油或油脂。如果芯轴上沾有油污或灰尘而导致心轴无法平滑移动时，应使百分表保持垂直状态，再将套筒浸泡在品质极佳的汽油内浸至中央部位，来回移动数次后再用干净的抹布擦拭，即能恢复至原来平滑的情况。

图 4-2-7 制动盘变形量测量

（3）为防止生锈，使用后立即擦拭并涂上一层防锈油。

（4）定期检查百分表的精密度。

（5）收藏时先将百分表放在工具盒内，再放置在湿度低、无振动的库房内。

二、量缸表

量缸表也叫内径百分表，是由内量杠杆式测量架和百分表组合而成的测量仪器（如图 4-2-8 所示），是用以测量或检验零件的内孔、深孔直径及其形状精度的比较性测量工具。在汽车维修中，量缸表通常用于测量汽缸的磨耗量及内径。

1. 量缸表的结构

量缸表主要由百分表、测量架（表杆）和成组可换量杆等组成。

量缸表测量架的内部结构如图 4-2-9 所示。在三通管 1 的一端装着活动量杆 2，另一端装着可换量杆 3，垂直管口一端，通过表管 4 装有百分表 10。活动量杆 2 的移动，使传动杠杆 7 回转，通过活动杆 6，推动百分表的测量杆，使百分表指针产生回转。由于杠杆 7 的两侧触点是等距离的，当活动测头移动 1mm 时，活动杆也移动 1mm，推动百分表指针回转一圈。所以，活动测头的移动量，可以在百分表上读出来。

图 4-2-8 量缸表

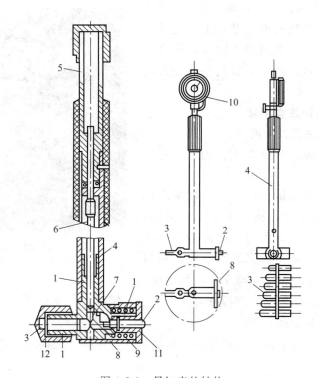

图 4-2-9 量缸表的结构

1—三通管；2—活动量杆；3—可换量杆；4—表管；5—插口；6—活动杆；
7—杠杆；8—活动套；9—弹簧；10—百分表；11,12—锁紧螺母

两触点量具在测量内径时，不容易找正孔的直径方向，活动套 8 与缩紧螺母 11 组成的定心导向板和弹簧 9 就起了一个帮助找正直径位置的作用，使内径百分表的两个测量头正好在内孔直径的两端。活动量杆的测量压力由活动杆 6 上的弹簧控制，保证测量压力一致。

量缸表活动量杆的移动量，小尺寸的只有 0~1mm，大尺寸的可有 0~3mm，它的测量范围是由更换或调整可换量杆的长度来达到的。因此，每个量缸表都附有成套的可换量杆。

2. 量缸表的使用

（1）使用游标卡尺测量汽缸缸径后获得基本尺寸，如图 4-2-10 所示，利用这些长度作为选择量缸表合适可换量杆的参考。

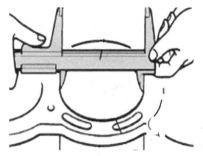

图 4-2-10　使用卡尺获得缸径基本尺寸

（2）量缸表需要经过装配才能使用。首先根据所测缸径的基本尺寸选用合适的可换量杆和调整垫圈，使量杆长度比缸径大 0.5～1.0mm。可换量杆和垫圈都标有尺寸，根据缸径尺寸可任意组合。量缸表的量杆除垫片调整式，还有螺旋杆调整式，如图 4-2-11 所示。无论哪种类型，只要将杆件的总长度调整至比所测缸径大 0.5～1.0mm 即可。

（3）如图 4-2-12 所示，将百分表插入表杆上部，预先压紧 0.5～1.0mm 后固定。

(a) 垫片调整式量杆

(b) 螺旋杆调整式量杆

图 4-2-11　可换量杆的类型

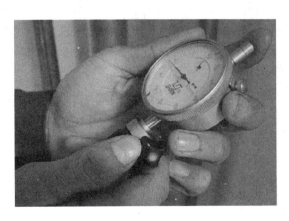

图 4-2-12　安装百分表

（4）为了便于读数，调整百分表表盘方向，使之与接杆方向平行或垂直。

（5）将外径千分尺调至所测缸径尺寸，并将千分尺固定在专用固定夹上，对量缸表进行校零。当大表针逆时针转动到最大值时，旋转百分表表盘使表盘上的零刻度线与其对齐，如图 4-2-13 所示。

3. 缸径测量

（1）慢慢地将量缸表的活动端（导向板端）倾斜，使其先进入汽缸内，而后再使可换量杆端进入。导向板的两个支脚要和汽缸壁紧密配合，如图 4-2-14 所示。

（2）在测定位置维持导向板不动，而使可换量杆的前端做上下移动并观测量缸表指针的移动量，当量缸表的读数最小即量缸表和汽缸成真正直角时，再读取数据。读数最小即表针顺时针转至最大。测量位置的选取则需要参考维修手册。

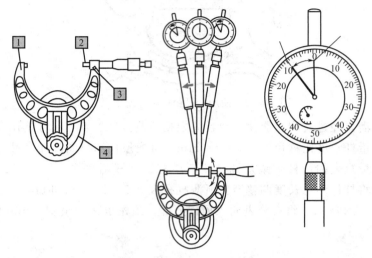

图 4-2-13　量缸表校零调整

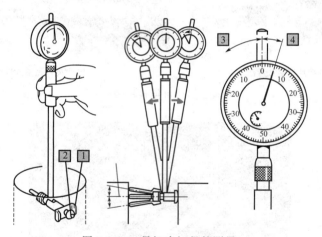

图 4-2-14　量缸表缸径的测量

课后练习题

1. 操作练习：正确使用百分表测量制动盘表面的变形量。
2. 操作练习：正确组装和调整量缸表。
3. 操作练习：正确使用量缸表测量汽缸的圆度与圆柱度。

第五章 汽车检测仪器与设备

第一节 压力测量仪表

一、真空度表

在汽车维修工作中，经常会用到真空度表，如图 5-1-1 所示。真空度表用来检查汽车发动机（通常用于自然吸气发动机）节气门后方的真空度。

1. 真空度

真空度是指处于真空状态下的气体稀薄程度，即如果所测设备内的压强低于大气压强，则需要利用真空度表进行其压力测量，从真空度表所读得的数值称真空度。真空度数值是表示出系统压强实际数值低于大气压强的数值，即：真空度＝大气压强－绝对压强。例如，如果设备内的真空度为 70kPa，我们也可以称其绝对压力为 30kPa（真空度 70kPa＝大气压强 100kPa－绝对压强 30kPa）。

图 5-1-1 真空度表

2. 真空度表的认识

如图 5-1-2 所示，汽车检测用真空度表通常由表头、软管和接头三部分组成。表头的仪表盘刻度单位常用"kPa"、"MPa"、"mmHg"（毫米汞柱）、"inHg"（英寸汞柱）或"psi"（磅/平方英寸）来表示。

常用压力单位换算为：1atm（标准大气压）＝1.03kgf/cm^2＝101.3kPa＝760mmHg＝29.9inHg＝14.7psi＝1bar＝10^{5}Pa

如图 5-1-1 所示，仪表盘的指针指向刻度"0"，表示此时的真空度为 0MPa，为标准大气压；仪表盘的指针指向刻度"-0.1"，表示此时的真空度为 0.1MPa（即 100kPa）。

3. 真空度表的使用

在汽车维修工作中，经常利用真空度表检测发动机节气门后方的真空度，用来判断发动机的运转是否正常、进排气是否顺畅、怠速时发动机节气门后方是否漏气等。

一台性能良好的发动机运转时的真空度比较高。当节气门在任何角度保持不变时，只要发动机转速加快，或是进气歧管无泄漏且汽缸密封性良好，真空度就会增加。当发动机运转

图 5-1-2 汽车检测用真空度表

比较慢或汽缸进气效率变低，那么歧管内的真空度就会变低。

在不同的发动机转速下，可检测到不同数值的进气歧管真空度。就大多数自然吸气式汽油发动机而言，在正常怠速状态下运转时，如果各系统均工作正常，则真空度表指针应稳定在15～22英寸汞柱（即50～73.5kPa）之间，如果在迅速开闭节气门时，真空度表指针在7～85kPa之间灵敏摆动，这时表明进气歧管真空度对节气门开度的随动性较好，同时，也说明发动机各系统（特别是进气系统的密封性）工作良好。假如发动机存在故障（特别是机械故障中的密封性变差）就会出现与上述数值不同的进气歧管真空度，这时表明发动机存在故障。

为了更好地使用真空度表，在测试真空度前首先必须严格地按照技术要求调整好初始点火正时与怠速极限值，如果这些操作都能精确地进行，那么任一偏离正常真空度的值，都说明发动机存在故障。

测量时，真空度表的真空务必直接来源于进气歧管（如图5-1-3所示），因为只有进气歧管的真空度是直接来源于发动机的真空。

为了区分不同工况下的真空度值所反映出来的故障，测试发动机进气歧管的真空度通常包括：启动测试、怠速测试、急加速测试和排气系统阻塞测试等四项测试。

(1) 启动测试　为了使测试结果精确，需保持发动机在热车时进行。如发动机因故障无法着车，也可在冷车时测量，但精确度会降低。测量时关闭节气门，切断点火系统，连接真空度表于节气门后方的进气歧管上，启动发动机，观察真空度表数值应在

图 5-1-3 真空度表连接到节气门后方的进气歧管

11～21kPa之间，如果低于10kPa，可能的原因有：发动机转速过低、活塞环磨损、节气门卡滞、进气歧管漏气、过大的怠速旁通气路等。

(2) 怠速测试　一台性能良好的发动机在怠速运转时，真空度表数值应稳定在50～73.5kPa之间。

① 如果真空读数低于正常数值且稳定，可能的原因有：点火正时推迟、配气正时延迟（过松的正时齿带或正时链条）、凸轮轴升程不足等。

② 如果发动机怠速过高，测试歧管真空度小于40kPa。说明是发动机的节气门之后的歧管或总管漏气，漏气部位多数是歧管垫以及与歧管相连接的许多管路，如真空助力器气管等。

③ 如果真空度表数值从正常值下降后又返回，有节奏地来回摆动，原因可能是个别气门发卡或某一凸轮轴严重磨损。

④ 如果真空度表在52～67kPa之间摆动，并且随着发动机转速的升高摆动加剧则说明

气门弹簧弹力不足。

⑤ 如果真空度表在38~61kPa之间来回摆动，原因通常为：气门漏气、汽缸垫损坏、活塞损坏、缸筒拉伤等。

⑥ 如果真空度表指针在18~65kPa之间大幅度摆动，那基本是因为汽缸垫漏气所引起的。

(3) 急加速测试　急加速时，真空度表的读数应突然下降；急减速时，真空度表指针将在原急速时的位置向前大幅度跳跃。即当迅速开启和关闭节气门时，真空度表指针应随之摆动在7~8kPa之间。真空度表指针摆动幅度越宽，表明发动机技术状况越好。如果怠速时真空度表指针低于正常值，急加速时指针回落到"0"附近，节气门突然关闭时指针也不能升高到86kPa左右，此现象主要是由于活塞环、进气管漏气造成的。

(4) 排气系统阻塞测试　启动发动机怠速运转，记录正常怠速下的真空度数值，提高发动机转速至2500r/min，此时真空度表数值应等于或接近怠速时真空数值，让节气门快速关闭回到怠速状态，此时真空读数应先快速增加然后又回落，即从起初高于怠速时读数约17kPa的读数，快速回落到原始的怠速读数。

如果发动机在2500r/min时，真空度数值明显地逐渐下降，或在从2500r/min猛然降到怠速时，真空度表读数没有增加，则表明排气系统存在阻塞现象，可能是三元催化器堵塞、消声器堵塞等。

注意：进气歧管真空度随海拔的升高而降低。通常海拔每升高500m，真空度将减小5.5kPa，因此，在测定进气歧管真空度时，要根据所在的海拔高度情况进行换算。

二、汽缸压力表

1. 汽缸压力表的认识

汽缸压力表是用于对发动机汽缸压力进行测试的专用工具，如图5-1-4所示。汽缸压力表通常由表头、连接管路、接头组成。在连接管路上设有排气阀，用以在压力测试完毕后将压力表内的压力泄放掉。表头有指针式，也有数字式，仪表的刻度单位通常用bar、kgf/cm²、psi来表示。

2. 汽缸压力表的使用

当发动机运转不稳、缺火而又非外部点火、喷油等电控问题时，往往需要对发动机本体进行检测，重要的一项检测项目就是汽缸压力测试。汽缸压力测试包括静态汽缸压力测试和动态汽缸压力测试两种测试方法。

下面以汽油发动机为例介绍利用汽缸压力表进行汽缸压力测试的方法和注意事项。

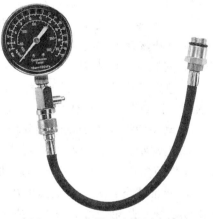

图5-1-4　指针式汽缸压力表

(1) 静态汽缸压力测试（见图5-1-5）

① 静态汽缸压力测试流程

a. 确保蓄电池电量充足。

b. 终止点火系统，即通过断开点火系统线路，使点火线圈不点火。

c. 终止燃油喷射系统，即通过断开燃油控制系统的保险丝、油泵继电器等使燃油泵停止工作。

　　d. 拆下所有的火花塞。

　　e. 完全开启节气门。

　　f. 将汽缸压力表复至零位，安装到要检测的汽缸火花塞座孔上，启动发动机，使其旋转 4 个工作循环（产生 4 个压缩冲程）。

　　g. 检测每一个汽缸的压力，并记录读数。

　　h. 如果某一汽缸压力太低，通过火花塞孔向燃烧室倒入 15mL 的机油，再次检测压力，并记录读数。

　　i. 检测完毕，按拆卸的反向顺序恢复。

② 静态汽缸压力测试结果分析

　　a. 正常状态：对于每一个汽缸，压力快速且平稳地增加到规定值；任何一个汽缸的最小压力不应低于最大汽缸压力的 70%，任何汽缸的压力读数不应低于 690kPa（具体参见各车型的维修手册）。

　　b. 活塞环泄漏：第一冲程压力太低，然后压力在剩余冲程上升但达不到正常水平，当添加机油时压力大幅度提高。

　　c. 气门泄漏：第一冲程压力太低，压力在剩余冲程不上升，当添加机油时压力也未明显提高。

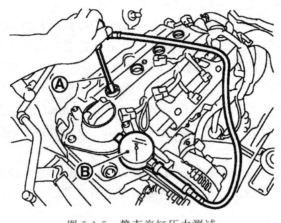

图 5-1-5　静态汽缸压力测试

　　d. 汽缸垫渗漏：相邻两缸的压力低于正常水平，并且添加机油时汽缸压力也不增加。

（2）动态汽缸压力测试

① 动态汽缸压力测试流程

　　a. 拆卸某一个要检测汽缸的火花塞，将该汽缸的火花塞导线接地，以防止损坏点火模块，并断开该汽缸的喷油器。

　　b. 安装汽缸压力表。

　　c. 急速开启节气门（不使发动机转速提高，迫使发动机"吞下进气"），以获得"急加速的压力读数"，记录此时的压力读数。

② 动态汽缸压力测试结果分析

　　a. 正常状态：急速时的汽缸运行压力应当为 50~70psi（等于启动时压缩力的一半），快速操作节气门的压缩力应当为启动时压力的 80%。

　　b. 异常状态：如果急加速的压力测量结果高于启动读数的 80%，则应查看该汽缸的尾气排放系统、凸轮轴可能磨损，或挺杆脱落；如果各项指标均高，则应查看三元催化器是否堵塞。

　　柴油发动机汽缸压力的测量方法与汽油发动机基本相同，但也有区别：由于柴油发动机汽缸压力要远高于汽油发动机的汽缸压力，因此在选用汽缸压力表时，一定要确认压力表的量程范围满足柴油发动机汽缸压力测试的要求；汽油发动机需要拆卸火花塞，将汽缸压力表安装在火花塞座孔上，而柴油发动机则需要拆卸喷油器，将汽缸压力表安装在喷油器座孔上。

注意：无论是汽油发动机还是柴油发动机，在拆卸火花塞或喷油器之前，均应使用压缩空气吹干净火花塞和喷油器周围的灰尘和脏物，避免异物经火花塞或喷油器座孔掉入汽缸内部损伤汽缸。

三、机油压力表

1. 机油压力表的认识

机油压力测试是检验发动机润滑系统性能是否正常的重要项目。汽车发动机机油压力的测试通常利用机油压力表来完成。如图 5-1-6 所示，机油压力表由表头、连接管路、接头组成。表头多为指针式，仪表的刻度单位通常用 bar、kPa、psi 来表示。

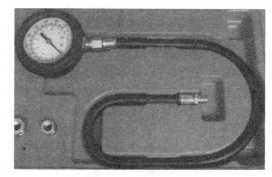

图 5-1-6　机油压力表

2. 机油压力表的使用

（1）压力测试前的检查项目　为了保证机油压力测试的准确性，在测试之前应对发动机润滑系统进行必要的检查，主要包括以下几个方面：

① 检查机油液位是否过低。

② 检查机油压力开关是否异常。

③ 检查机油黏度是否不当或被稀释（汽油涮缸）或进水。

④ 观察机油是否有泄漏或堵塞。

在确认已经解决上述问题的前提下，进行机油压力测试。

（2）机油压力测试方法

① 断开机油压力开关的线束插接器，拆卸机油压力开关。

② 将机油压力表接头按扭力要求安装在机油压力开关的座孔上（如图 5-1-7 所示），确保连接密封性良好，无渗漏。

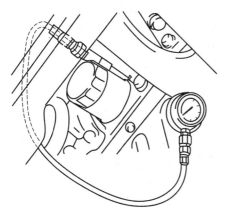

③ 启动并运行发动机，在不同工况下观察和记录机油压力表的读数。

（3）机油压力测试项目

① 怠速时的机油压力值。

② 加速时的机油压力值：随转速提高，机油压力也随之提高。

③ 发动机转速稳定时的机油压力值：机油压力也应稳定在规定值范围内。

④ 当转速升高到一定值时，机油压力不再上升。

不同工况下的机油压力值是否符合要求，应以所测车型的维修手册标准为准。

图 5-1-7　机油压力表的安装

（4）机油压力故障分析

① 机油压力过低。可能的原因有：机油泵本身磨损、泄压，或限压阀故障；油路、轴承磨损泄压导致；集滤器漏气；油底壳碰撞变形，紧贴至集滤器等。

② 机油压力过高。可能的原因有：滤清器堵塞；旁通阀卡滞堵塞；机油泵限压阀卡滞，不回油等。

四、燃油压力表

1. 燃油压力表的认识

燃油压力表是用于测试汽车发动机燃油系统供油压力的专用工具。如图5-1-8所示，燃油压力表由表头、连接管路和接头组成。在连接管路上设有回油控制阀，用以在压力测试完毕后将压力表内的压力燃油通过泄油管路泄放掉。燃油压力表的表头通常为指针式，仪表的刻度单位通常用bar、psi来表示。

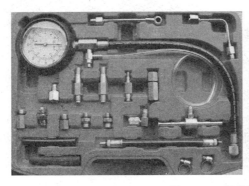

图5-1-8　燃油压力表

2. 燃油压力表的使用

（1）燃油压力测试前的准备

① 泄压。先拔下燃油泵保险丝、继电器，再启动发动机，直至发动机自行熄火后，再次启动发动机2～3次，然后拆下蓄电池负极。

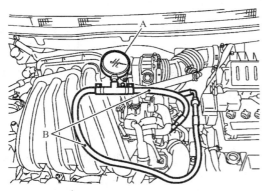

图5-1-9　燃油压力表连接到进油管路

② 安装燃油压力表。如图5-1-9所示，将燃油压力表串接在进油管中（带测压口的车辆将燃油压力表连接到测压口上），在拆卸油管时要用一块毛巾或棉布垫在油管接口下，防止燃油泄漏在发动机上引发火灾。

（2）燃油压力测试

燃油压力测试的项目主要包括：静态油压、怠速油压、最大油压、残余油压等。

① 静态油压测试。恢复燃油泵保险丝或继电器，不启动发动机，通过诊断仪对燃油泵进行作动测试或通过直接为燃油泵供电（如跨接燃油泵继电器两个触点端）使之运转，读取燃油压力表读数。一般来说，带回油管路的双管路（进、回油管路）燃油供给系统的静态油压在300kPa左右，无回油管路的单管路（只有进油管路）燃油供给系统的静态油压在400kPa左右，标准数值以具体车型的维修手册要求为准。

② 怠速油压测试。启动发动机，使燃油泵在怠速下运转，此时燃油压力表的读数为怠速工作油压，对于带回油管路的双管路燃油供给系统，其怠速油压一般约为250kPa左右，无回油管路的单管路燃油供给系统的怠速油压约为400kPa，标准数值以具体车型的维修手册要求为准。

③ 最大油压测试。该测试只适用于双管路燃油供给系统，用包有软布的钳子夹住回油管，此时油压表读数为油泵最大供油压力，一般为正常工作油压的 2～3 倍。

④ 残余油压测试。发动机熄火，燃油泵停止运转 10min 后，读取燃油压力值，油管保持压力应大于规定值（以具体车型的维修手册要求为准）。

（3）拆卸燃油压力表　先执行泄压程序，再拆去燃油压力表，将进油管重新连接好，启动发动机，检查油管是否渗漏。

（4）燃油压力分析　燃油压力表的读数不外乎油压为零、油压正常、油压过高和油压过低四种情况。

① 若油压为零，先检查油箱存油量，及油道是否严重外泄，燃油滤清器是否完全堵塞。排除可能性后，油压依然为零，则需检查燃油系统的控制电路，如保险丝是否烧断、继电器是否不工作、油泵电路线束有否开路、油泵是否损坏等。

② 若油压过高，主要原因为油压调节器故障（无法回油或回油量过小）、回油管堵塞等。

③ 当燃油压力过低，或油泵停止工作 2～5min 内油压迅速下降，在排除油路向外泄漏的前提下，则可能的原因有：燃油泵中的止回阀卡滞常开、燃油压力调节器故障（回油量过大）、喷油器泄漏等。

注意：上述的燃油压力测试通常只用于汽油发动机的进气管燃油喷射系统，而对于缸内直喷汽油发动机和柴油发动机，由于其燃油压力过高，所以不能使用这种测试方法。

五、自动变速器油压表

1. 自动变速器油压表的认识

测试自动变速器的油压，是检验变速器各部件工作状态、排除自动变速器故障的重要手段。自动变速器油压的测试通常利用自动变速器油压表来实现。如图 5-1-10，自动变速器油压表与燃油压力表相似，所不同的是其压力测量量程较大。

2. 自动变速器油压表的使用

以日产风度 A33 轿车（发动机型号：VQ20DE）的 4 速自动变速器为例来说明自动变速器油压表的使用方法。

（1）自动变速器油压测试前的准备

① 检查自动变速器油和发动机机油的液面高度，如有必要添加，达到规定要求。

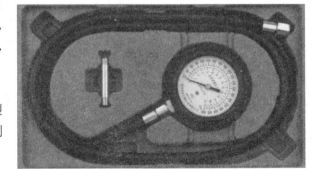

图 5-1-10　自动变速器油压表

② 驾驶车辆行驶大约 10min 或直至自动变速器油液和机油达到工作温度（自动变速器油液工作温度应达到 50～80℃）。

③ 将自动变速器油压表安装在自动变速器相应的管路压力测试孔，如图 5-1-11 所示。

④ 拉起驻车挡制动手柄并挡住车轮。

（2）自动变速器油压测试

① 急速压力测试　启动发动机，将变速器挡位分别设置到 D、2、1 和 R 等挡位，测量不同挡位在急速时的管路压力。

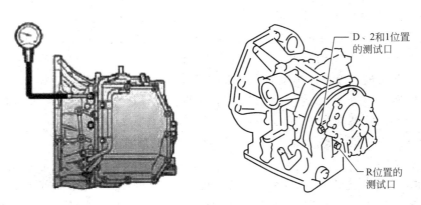

图 5-1-11　将自动变速器油压表安装到测试孔

② 失速压力测试

a. 启动发动机，踩下制动踏板将选挡杆置于 D 位置。

b. 踩下制动踏板的同时逐渐踩下加速踏板使节气门全开。

c. 迅速记录发动机的失速转速和变速器管路压力，并立即释放节气门（VQ20DE 发动机的失速转速正常应该在 2200～2600r/min 之间）。注意：在测试过程中不要使节气门全开超过 5s。

d. 将选挡杆置于 N 位置。

e. 冷却自动变速器油液温度，使发动机怠速运转至少 1min。

f. 将挡位杆置于 2、1 和 R 位置重复 b～e 步骤。

日产风度 A33 轿车（发动机型号：VQ20DE）自动变速器的测试压力标准如表 5-1-1 所示。

表 5-1-1　测试压力标准

发动机型号	发动机转速/(r/min)	管路压力/kPa(bar,kgf/cm^2,psi)	
		D、2 和 1 位置	R 位置
VQ20DE	怠速	500(5.00,5.1,73)	779(7.79,7.94,113)
	失速	1,206(12.06,12.3,175)	1,873(18.73,19.1,272)

六、排气背压表

1. 排气背压介绍

排气背压就是指发动机排气管内部的阻力。排气背压对发动机的动力性、经济性和排放性能都有重要影响。

通常，排气背压增大将导致发动机燃料燃烧效率下降，经济性变差，同时动力性下降，排放也变差。但如果排气背压很低，在低转速工况时，由于排气门的提前开启，在活塞达到下止点前，仍具有一定压力的燃气就通过过于通畅的排气门排掉了，损失了一部分做功，削弱了扭矩，因此发动机的排气背压应保持在一定合理的范围之内（怠速时，排气背压不高于 8kPa；在 2500r/min 时，排气背压一般不大于 13.8kPa）。

2. 排气背压表的认识

排气背压表是测试发动机排气背压的专用工具。如图 5-1-12 所示，排气背压表通常由表头、连接管路、接头组成。表头多有指针式,仪表的刻度单位通常用 kgf/cm^2、kPa、psi 等来表示。

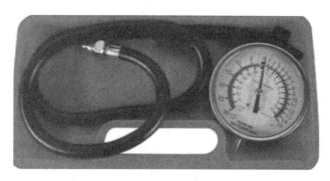

图 5-1-12 排气背压表

3. 排气背压表的使用

利用排气背压表对排气压力进行测试,是准确快速判断发动机排气堵塞故障的有效方式。主要包括以下几个方面。

(1) 排气背压表检测前的准备　在检测排气背压之前,应当首先确认点火正时和配气相位正确、气门间隙正确、进气系统无泄漏和堵塞现象。

(2) 排气背压表检测

① 拆下三元催化器前端的氧传感器。

② 在氧传感器的安装座孔处接上排气背压表,如图 5-1-13 所示,连接时,要注意拧紧的力矩,注意不能过大(把螺钉上坏),也不能过松(防止漏气)。对于装有二次空气喷射系统的车辆,也可以从二次空气喷射管路上脱开空气泵止回阀的接头,在二次空气喷射管路中接入排气背压表进行测量。

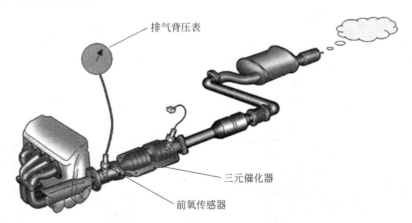

图 5-1-13 排气背压表的连接

③ 启动发动机,并使发动机达到正常工作温度(85℃以上)。

④ 读取怠速时指示的背压值,如不超过 8kPa 时,可以将发动机转速提高到 2500r/min,检查压力应不超过 13.8kPa。如果超过了标准值,说明排气系统存在堵塞(多为三元催化器堵塞造成)。注意:由于排气温度较高,所以测试时间应尽量缩短,避免仪器连接的橡胶软管部件由于长时间的高温而损坏。

⑤ 排气背压表拆下后,应采用自然冷却降温的方式,不能强行降低温度,待接头温度

和室外温度一致时,方可将仪器放入盒内。

七、冷却系统压力测试仪

1. 冷却系统压力测试仪的认识

目前的汽车发动机均采用封闭式冷却系统,冷却液温度升高后,会使系统内压力升高。在汽车维修时,为了检测冷却系统是否存在泄漏的故障,必须要对系统进行加压,加压工具就是专用的汽车冷却系统压力测试仪。如图5-1-14所示为世达工具中的冷却系统压力测试仪,该测试仪主要由带压力表的真空泵、固定夹、散热器盖适配器等组成。

2. 冷却系统压力测试仪的使用

以世达工具中的冷却系统压力测试仪为例介绍冷却系统压力测试仪的使用方法。

(1) 测试前,拆下散热器盖,检查冷却液液位,不满时应将其注满。将测试仪固定夹安装在冷却液加注口上,如固定夹位置不合适,必须调节至合适位置,如图5-1-15所示。注意:进行压力测试时,请勿启动发动机。

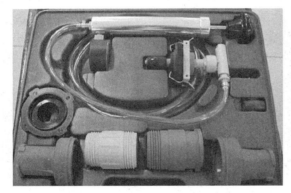

图 5-1-14　世达冷却系统压力测试仪

图 5-1-15　安装固定夹至冷却液加注口上

(2) 为确保安装紧密和密封良好,应保证固定夹上气囊(图5-1-16)的2/3位于散热器盖水箱管径的下翼凸缘以下。因为不可能总能将气囊调整至所要位置,所以在使用中,充气的气囊能够依靠其可变形特性进行密封。

(3) 顺时针拧紧压力泄放螺栓后,将滑阀移至"BLADDER",如图5-1-17所示。

图 5-1-16　固定夹上的可充气气囊

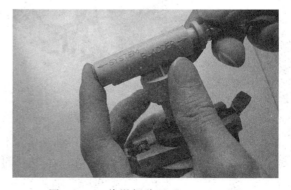

图 5-1-17　将滑阀移至"BLADDER"

(4) 如图5-1-18所示,反复推动真空泵手柄向气囊充气,直至压力达到25psi(172.375kPa),使气囊密封住冷却系统加注口。气囊压力决不可超过25psi压力。

（5）如图 5-1-19 所示，推动滑阀至加压端（SYSTEM），再一次反复推动真空泵手柄，向冷却系统施加压力，在加压的同时，注意倾听冷却系统加注口有无漏气声，如有泄漏，排除后再继续加压。

图 5-1-18 利用真空泵向气囊充气　　　　　图 5-1-19 推动滑阀至加压端

（6）当压力表指示数值达到规定压力时，应停止加压。观察检漏仪压力表上数值的变化。在 5min 内，没有变化说明系统没有泄漏；如下降过快，证明冷却系统存在严重泄漏，如图 5-1-20 所示。不同发动机的冷却系统检测时的压力不同，应参照相关资料。

（7）如图 5-1-21 所示，逆时针旋松压力排放螺栓，通过排放软管释放压力，直至压力表读数变为"0"。在压力表读数变为"0"之前，不可进行下一步操作。

（8）将滑移阀移至气囊"BLADDER"位置，将气囊内空气排空，如图 5-1-22 所示。

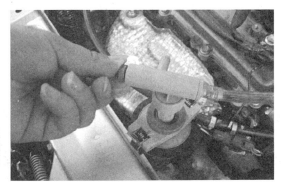

图 5-1-20 压力保持测试　　　　　　　　　图 5-1-21 压力释放

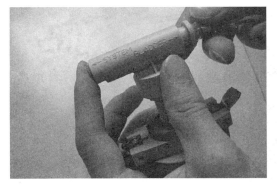

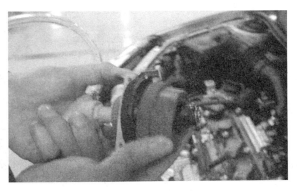

图 5-1-22 排空气囊内空气　　　　　　　　图 5-1-23 拆卸固定夹

（9）松开固定夹并拆下分析仪，见图5-1-23。

（10）此检测仪还可检测散热器盖蒸汽阀的好坏，检测时需配合附件一起使用，组合形式如图5-1-24所示。

图 5-1-24　测试散热器盖蒸汽阀

八、空调压力表

1. 空调压力表的认识

空调压力表又称歧管压力计（歧管压力表），主要由高低压表、表座和管路组成，具体如图5-1-25所示。

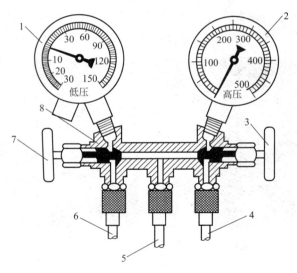

图 5-1-25　空调压力表的组成

1—低压表；2—高压表；3—高压手动阀；4—高压管；
5—中间管路；6—低压管；7—低压手动阀；8—压力表座

空调压力表通常为指针式，仪表的刻度单位通常用 kgf/cm^2、psi 等来表示，如图5-1-26所示。

2. 空调压力表的使用

空调压力表是维修汽车空调制冷系统必不可少的重要设备。它可用于对空调制冷系统抽真空、加注或释放制冷剂、添加冷冻润滑油以及空调制冷系统的故障检查及排除等。

（1）空调压力表的操作方法　图5-1-27说明了空调压力表的操作方法。

图 5-1-26 空调压力表及仪表刻度单位

① 如图 5-1-27(a) 所示，当低压手动阀开启、高压手动阀关闭时，低压管路与中间管路、低压表相通，此时可从低压侧加注制冷剂或排放制冷剂，并同时监测高、低压侧的压力。

② 如图 5-1-27(b) 所示，当低压手动阀关闭、高压手动阀开启时，高压管路与中间管路、高压表相通，此时可从高压侧加注制冷剂，并同时监测高、低压侧的压力。

③ 如图 5-1-27(c) 所示，当高、低压手动阀均开启时，可进行加注制冷剂、抽真空，并监测高、低压侧的压力。

④ 如图 5-1-27(d) 所示，当高、低压手动阀均关闭时，可检测高、低压侧的压力。

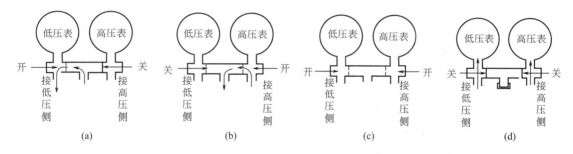

图 5-1-27 空调压力表的操作方法

（2）利用空调压力表抽真空　利用空调压力表抽真空通常采用重复抽真空法，即第一次抽真空完毕后，再连续抽 30min 以上。管路连接如图 5-1-28 所示。

抽真空过程如下：

① 打开空调压力表上的高、低压手动阀，启动真空泵，观察压力表，将系统真空抽至 98.70～99.99kPa。

② 关闭手动阀，观察压力表针是否回升。若回升，说明有泄漏，应检修；如果表针不动，则打开手动阀，再抽真空 15～30min，使压力表指针稳定。

③ 关闭高、低压手动阀。

④ 关闭真空泵。注意：应先关闭手动阀，后关闭真空泵，以防止空气进入制冷系统。

（3）利用空调压力表加注冷冻润滑油　应按规定数量和牌号加注冷冻润滑油。

① 利用压缩机本身抽吸作用。将冷冻润滑油从低压阀处吸入，此时发动机一定要保持低速运转。

② 利用抽真空加注冷冻润滑油（见图 5-1-29）。

a. 首先对制冷系统抽真空。

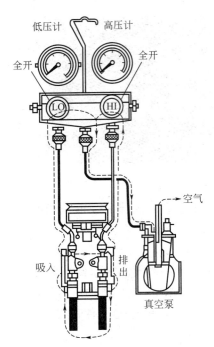

图 5-1-28 利用空调压力表抽真空

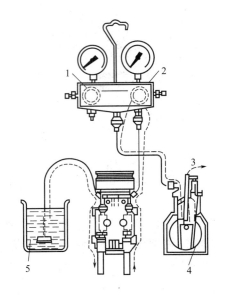

图 5-1-29 利用空调压力表加注冷冻润滑油
1—低压手动阀关闭；2—高压手动阀开启；
3—排出空气；4—真空泵；5—冷冻润滑油

b. 选用一个有刻度的量筒，盛入比需要的加注量还要多的冷冻润滑油。

c. 将连接在压缩机上的低压软管从空调压力表侧拧下来，将其插入盛有冷冻润滑油的量筒内。

d. 启动真空泵，打开高压手动阀，润滑油就被吸入到压缩机中。当达到规定加注量时，停止真空泵的抽吸，关闭高压手动阀。

e. 再继续对制冷系统抽真空、加注制冷剂。

(4) 利用空调压力表加注制冷剂

在利用空调压力表加注制冷剂时，应注意制冷剂的种类及加注量。加注方法分为高压端加注和低压端加注两种。

① 高压端加注制冷剂　从压缩机排气阀（高压阀）的旁通孔（多用通道）或高压接头加注，加入的是制冷剂液体。其特点是安全、快速，适用于制冷系统的第一次加注，即经检漏、抽真空后的系统加注。但必须注意：加注时不可开启压缩机（发动机停转），并且制冷剂罐要求倒立。如图 5-1-30(a) 所示，具体加注过程如下：

a. 当系统抽真空后，关闭空调压力表上的高、低压手动阀。

b. 将中间软管的一端与制冷剂罐注入阀的接头连接，打开制冷剂罐开启阀，再拧开歧管压力计软管一端的螺母，让气体溢出几秒钟，然后拧紧螺母。

c. 拧开高压侧手动阀至全开位置，将制冷剂罐倒立。

d. 从高压侧注入规定量的液态制冷剂。关闭制冷剂罐注入阀及歧管压力计上的高压手动阀，然后将仪表卸下。

注意：在高压侧加注制冷剂时，压缩机必须停转，且不能拧开歧管压力计上的低压手动阀，以防产生液压冲击。

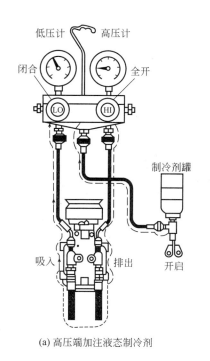
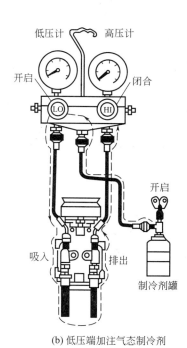

(a) 高压端加注液态制冷剂　　　　(b) 低压端加注气态制冷剂

图 5-1-30　利用空调压力表加注冷冻润滑油

② 低压端加注制冷剂　从压缩机吸气阀（低压阀）的旁通孔（多用通道）或低压接头加注，加入的是制冷剂气体。其特点是加注速度慢，适合在系统补充制冷剂的情况下使用。如图 5-1-30（b）所示，具体加注过程如下：

a. 打开制冷剂罐，拧松中间注入软管在空调压力表上的螺母，直到听到有制冷剂蒸气流动声，然后拧紧螺母，以确保排除注入软管中的空气。

b. 打开低压手动阀，让制冷剂进入制冷系统，当系统压力值达到 0.4MPa 时，关闭低压手动阀。

c. 启动发动机，将空调开关接通，并将鼓风机开关和温控开关都调至最大（最冷）。

d. 再次打开低压手动阀，让制冷剂继续进入制冷系统，直到加注量达到规定值。

e. 从视液窗处观察，确认系统内无气泡、无过量制冷剂。随后将发动机转速调至 2000r/min，将鼓风机风量开到最高挡，若气温为 30~35℃，则系统内低压侧压力应为 0.147~0.192MPa，高压侧压力应为 1.37~1.67MPa。

f. 加注完毕后，关闭低压手动阀，关闭制冷剂罐上的注入阀，停转发动机，将歧管压力计从压缩机上卸下，动作要快，以免过多制冷剂泄出。

（5）利用空调压力表排放制冷剂

① 关闭歧管压力计高、低压手动阀，并将高、低压软管分别接在空调制冷系统的高低压管路接口上，中间管的自由端放在工作擦布上。

② 慢慢打开高压手动阀，让制冷剂从中间软管排出，注意：阀门不要开得太大，以防压缩机内的冷冻润滑油随制冷剂流出。

③ 当压力表读数降到 0.35MPa 以下时，再慢慢打开低压手动阀，使制冷剂同时从高、低压侧排出；观察压力表读数，随着压力下降，逐渐开大高、低压手动阀，直到高、低压表的读数指示为零。

课后练习题

1. 操作练习：正确使用真空度表测量自然吸气式电控汽油发动机怠速时的真空度，判断发动机性能状况。
2. 操作练习：正确使用汽缸压力表测量汽油发动机静态汽缸压力。
3. 操作练习：正确使用机油压力表测量发动机不同转速下的机油压力。
4. 操作练习：正确使用燃油压力表进行进气管燃油喷射系统的燃油压力测试。
5. 操作练习：正确使用排气背压表测试发动机排气管的排气背压。
6. 操作练习：正确使用冷却系统压力测试仪测试发动机冷却系统的密封性。
7. 操作练习：正确利用空调压力表进行空调管路压力测试、抽真空、加注冷冻油、加注制冷剂的操作。

第二节　电气测量设备

一、汽车专用万用表

常见的万用表有指针式和数字式两种，主要用于电流、电压、电阻以及导线的通断性和电子元件的检测等。在汽车检测领域使用最多的是数字式万用表。指针式万用表由于会因检测电流过大而烧坏电控元件或ECU，所以不能用于汽车电子元件的测试。

数字万用表工作可靠，它最大的优点就是可以直接显示测量数据，而指针式万用表的读数则不能直接显示，需要根据量程及指针摆度进行计算。下面以Fluke17B汽车专用万用表（见图5-2-1）为例介绍数字万用表的使用方法。

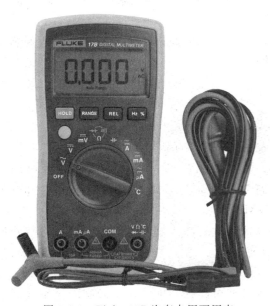

图 5-2-1　Fluke 17B 汽车专用万用表

1. 基本功能

Fluke 17B汽车专用万用表主要的测量功能包括：直流电压、交流电压、直流电流、交流电流、电阻、电容、二极管、频率、温度等。

2. 使用规范

为避免可能受到电击或人员伤害，以及避免对万用表或待测装置造成损害，应遵照Fluke 17B汽车专用万用表的规范说明使用万用表。

（1）在使用万用表之前，应检查机壳。切勿使用已损坏的万用表。检查是否有裂纹或缺少塑胶件。特别注意接头周围的绝缘。

（2）检查测试表笔的绝缘是否损坏或表笔金属是否裸露在外，检查测试表笔是否导通，在使用万用表之前应更换已被损坏的测试表笔。

（3）用万用表测量已知的电压，确定万用表操作正常。不要使用工作异常的电表，因为仪表的保护措施可能已经失效。若有疑问，应将仪表送修。

（4）不要在连接端子之间或任何端子和地之间施加高于仪表额定值的电压。

（5）对 30V 交流（有效值）、42V 交流（峰值）或 60V 直流以上的电压，应格外小心，这些电压可能会造成电击危险。

（6）测量时应选择合适的接线端子、功能和量程。

（7）不要在有爆炸性气体、蒸汽或粉尘环境中使用万用表。

（8）使用测试表笔或探针时，手指应保持在保护装置的后面，不能与表笔或探针接触。

（9）进行连接时，先连接公共测试表笔，再连接带电的测试表笔；切断连接时，应先断开带电的测试表笔，后断开公共测试表笔。

（10）在测试电阻、通断性、二极管或电容器之前，应先切断电路的电源并把所有高压电容器放电。

（11）如果不按照手册的指示使用万用表，万用表提供的安全功能可能会失效。

（12）对于所有功能，包括手动或自动量程，为了避免因读数不当导致电击风险，首先应使用交流功能来验证是否有交流电压存在，然后，选择等于或大于交流量程的直流电压。

（13）测量电流前，应先检查万用表的保险丝并关闭电源，再将万用表与电路连接。

（14）取下机壳（或部分机壳）时，不要使用万用表。

（15）出现电池指示符（M）时应尽快更换电池。当万用表的电池电量不足时，万用表可能会产生错误读数，严重的会造成电击及人员伤害。

（16）不能测量Ⅱ类 600V 以上或Ⅲ类 300V 以上的安装电压。

（17）在打开万用表外壳或电池盖之前，必须先把测试表笔从万用表上取下。

3. 万用表结构

Fluke 17B 汽车专用万用表的结构如图 5-2-2 所示。

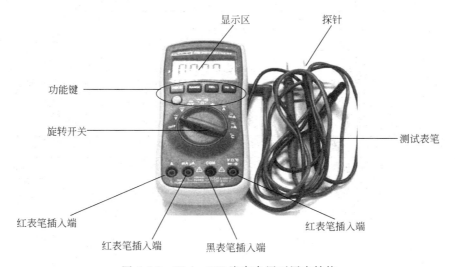

图 5-2-2　Fluke 17B 汽车专用万用表结构

（1）接线端　Fluke 17B 汽车专用万用表的接线端如图 5-2-3 所示。

端子①：用于交流电和直流电电流测量（最高可测量10A）和频率测量（仅限17B）的输入端子。

端子②：用于交流电和直流电的微安以及毫安测量（最高可测量400mA）和频率测量（仅限17B）的输入端子。

端子③：适用于所有测量的公共（返回）接线端。

端子④：用于电压、电阻、通断性、二极管、电容、频率（仅限17B）和温度（仅限17B）测量的输入端子。

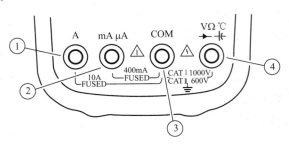

图5-2-3　Fluke 17B汽车专用万用表的接线端

（2）显示屏　如图5-2-4所示为Fluke17B汽车专用万用表显示屏上可以呈现的各种信息。具体含义如图中表所示。

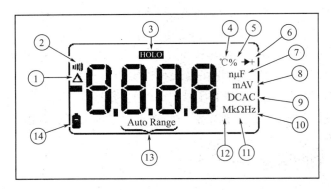

项目	说明	项目	说明
1	已激活相对模式	8	A,V-安培或伏特
2	已选中通断性	9	DC,AC-直流或交流电压或电流
3	已启用数据保持	10	Hz-已选频率
4	已选中温度	11	Ω-已选欧姆
5	已选中占空比	12	M,k-十进制前缀
6	已选中二极管测试	13	已选中自动量程
7	F-电容电位法拉第	14	电池电量不足,应立即更换

图5-2-4　Fluke 17B汽车专用万用表的显示屏信息

4. 使用方法

参见图5-2-1。

（1）电池节电功能　如果连续30min未使用万用表，也没有输入信号，万用表会进入"睡眠模式"（sleep mode），显示屏呈空白。按任何按钮或转动旋转开关，会唤醒万用表。要禁用"睡眠模式",在开启万用表的同时按下"黄色"按钮。

(2)进入及退出手动量程模式及数据暂停

按动"RANGE"键,每按动一次会递增一个量程。当达到最高量程时,万用表会自动返回到最低量程。

按住"RANGE"键 2s,即可退出手动量程模式。

按下"HOLD"键,显示屏将被锁定,始终显示当前读数,除非再次按动"HOLD"键,显示屏解锁,回复到正常操作状态。

(3)相对测量 当万用表设在想要的功能时,让测试导线接触以后测量要比较的电路。

按下"REL"键将此测量的值储存为参考值,并启动相对测量模式。这将会显示参考值和后续读数间的差异。

按下"REL"键超过 2s,万用表回复正常操作。

(4)测量交流和直流电压

① 如图 5-2-5 所示,将万用表挡位旋转开关转到要测量的电压挡。

② 将黑色表笔(负表笔)插入 COM 端子,将红色表笔(正表笔)插入电压端子。

③ 将表笔接触电路测试点,测量电压。

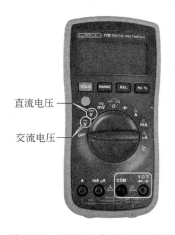

图 5-2-5 交流和直流电压测量

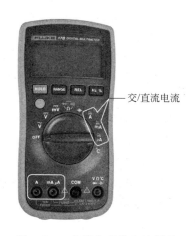

图 5-2-6 交流和直流电流测量

(5)测量交流和直流电流

① 如图 5-2-6 所示,将万用表挡位旋转开关转到要测量的电流挡。

② 按下黄色按钮,在交流和直流电流测量间切换。

③ 将黑色表笔插入 COM 端子,并依据待测的电流,将红色表笔插入 A 端子或 mAμA 端子。当无法估算电流大小时,应遵循先选大挡后选小挡的原则。

④ 断开待测的电路路径,然后将测试表笔衔接至电路的断口,并使被测电路通电。

⑤ 阅读显示屏上的测出电流。

(6)测量电阻

① 如图 5-2-7 所示,将万用表挡位旋转开关转到电阻挡,确保已经切断待测电路的电源。

② 将黑色表笔插入 COM 端子,将红色表笔插入电阻端子。

③ 将测试表笔接触至所测电路的测试点,测量电阻。

④ 阅读显示屏上的测出电阻。

(7)通断性测试

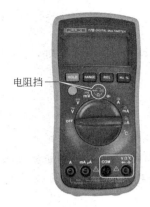 

图 5-2-7　电阻测量　　　　　　　　图 5-2-8　通断性测试

① 如图 5-2-8 所示，选中电阻模式，按两次黄色按钮可启动通断性蜂鸣器。
② 若电阻不超过 50Ω，蜂鸣器会发出连续音，表明短路（导通）。
③ 若显示屏显示为 OL，则表示是开路。

(8) 测试二极管

① 如图 5-2-8 所示，将万用表挡位旋转开关转到二极管测试挡。
② 按黄色按钮一次，启动二极管测试功能。
③ 将黑色表笔插入 COM 端子，将红色表笔插入二极管端子。
④ 将红色探针接到待测的二极管的阳极，黑色探针接到二极管的阴极。
⑤ 阅读显示屏上的二极管正向偏压值。
⑥ 如果测试表笔的电极与二极管的电极反接，则显示屏读数会是 OL，这可以用来区分二极管的阳极和阴极。

(9) 测量电容

① 如图 5-2-9 所示，将万用表挡位旋转开关转到电容测试挡。
② 将黑色表笔插入 COM 端子，将红色表笔插入电容端子。
③ 将探针接触电容器导线。
④ 待读数稳定后（长达 15s），读显示屏上的电容值。

 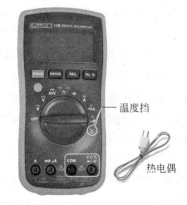

图 5-2-9　电容测量　　　　　　　　图 5-2-10　温度测量

(10) 测量温度

① 如图 5-2-10 所示，将万用表挡位旋转开关转到温度测量挡。

② 将热电偶插入万用表的温度端和 COM 端子，确保带有"＋"符号的热电偶插头插入万用表上的温度端。

③ 将热电偶的感温端接触或靠近被测物。

④ 阅读显示屏上显示的摄氏温度。

（11）测量频率和负载循环

① 如图 5-2-11 所示，万用表在进行交流电压或交流电流测量时可以测量频率或负载循环。

② 将万用表选中想要的功能（交流电压或交流电流），按下"Hz％"按钮。

③ 阅读显示屏上显示的交流电信号频率。

④ 要进行负载循环测量，再按一次"Hz％"按钮。

⑤ 阅读显示屏上显示的负载循环百分数。

万用表使用注意事项：

① 在测电流、电压时，不能带电换量程。

② 选择量程时，要先选大量程的，后选小量程，尽量使被测值接近于量程。

③ 测量电阻时，不能带电测量。因为测量电阻时，万用表由内部电池供电，如果带电测量则相当于接入一个额外的电源，可能损坏表头。

④ 使用完毕后，应使转换开关在交流电压最大挡位或 OFF 挡上。

二、钳形电流表

1. 钳形电流表的认识

钳形电流表是一种非常方便的电流测试仪器，它能在不被电路干扰的情况下对带电导体进行电流测量。钳形电流表由可开闭式钳头、电流挡位量程调整开关、显示屏等组成，如图 5-2-12 所示。

图 5-2-11 频率和负载循环的测量

图 5-2-12 钳形电流表

2. 钳形电流表的使用

当用普通万用表进行电流测量时，我们需要切断接线并将万用表串接到电路之中，如图 5-2-13(a) 所示。而用钳形电流表进行电流测量时，只需简单地夹住被测电路即可，如图 5-2-13(b) 所示。这种测试方法的优点在于：不用切断被测电路的线路；在不关闭电路的状态下测试

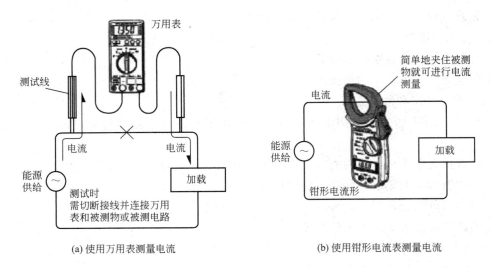

图 5-2-13　使用万用表和钳形电流表测试电流的比较

大电流。

如图 5-2-14 所示，在测试直流电流时，用钳头夹住被测物，当钳形电流表的电流从上至下流动时，读数显示为正（＋）。

三、测电笔

1. 测电笔的认识

测电笔，又称试灯，其作用就是检测电路中的被测点是否有电。汽车检测使用的测电笔如图 5-2-15 所示，测电笔有一个笔杆，笔杆前端是金属的笔尖，笔杆里有一个发光二极管（或小灯泡），笔杆后端带有一根导线，导线端部通常有个小夹子。为了安全起见，有的测电笔还装有保险丝。

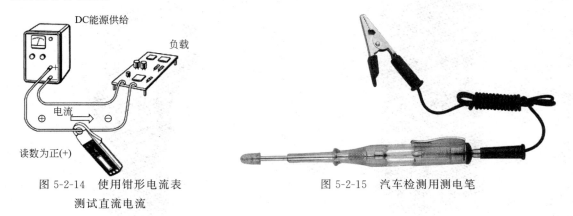

图 5-2-14　使用钳形电流表测试直流电流

图 5-2-15　汽车检测用测电笔

2. 测电笔的工作原理

测电笔的工作原理其实就是应用了电路的回路原理：如图 5-2-16 所示，如果测试点有电，电流从笔尖流入，经过灯泡、导线，从小夹子流入汽车搭铁（电源负极），灯泡随之点亮。

3. 测电笔的使用

使用测电笔时，首先将小夹子夹在汽车电源负极或汽车搭铁点上，保证接触良好；然后将测电笔的金属尖端与测试点相接触，如果测电笔的灯亮了就表明该测试点有电。

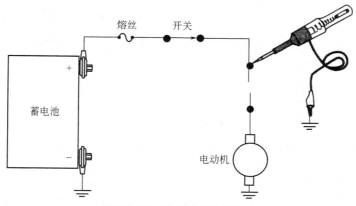

图 5-2-16　测电笔的使用方法

需要注意的是：测电笔适用于汽车电源系统和常规电气系统的检测，但不适用于电控系统的检测。这是因为：将测电笔接在电路中，相当于凭空在电路中并入了一个负载，在现代电控汽车上，电路中某点的电位就是电脑的输入信号，所以在车辆运行状态下测量会造成电脑的错误判断。另外，由于试电笔灯内阻小，测量时容易造成短路，轻则产生故障，重则损坏电路或电子元件。

四、高率放电计

1. 高率放电计的认识

高率放电计是一种模拟接入启动机的负荷，用于测量蓄电池在大电流放电时的端电压的检测仪器。如图 5-2-17 所示，放电计表盘上刻有红黄绿三种颜色，绿色代表电量充足，黄色代表亏电，红色代表电放完。

2. 高率放电计的使用

如图 5-2-18 所示，利用高率放电计对蓄电池进行测试时按以下步骤进行：

（1）将放电计的两触针紧压在蓄电池单格的正负极桩上（红色触针连接蓄电池正极）。

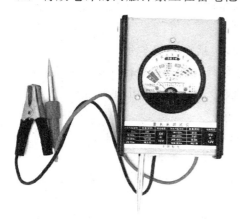

图 5-2-17　高率放电计

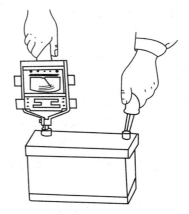

图 5-2-18　利用高率放电计测试蓄电池

（2）测量 5s，观察放电计的电压，记录电压值。

（3）此时蓄电池是在大电流放电情况下的端电压，其端电压应在 9V 以上，且能稳定 5s。

（4）电压值低于 10.4V，表明蓄电池已放电，需进行保养充电；若测量时在 5s 内电压连续下降，则表明蓄电池有故障。

注意：由于高率放电计的型号不一样，所配放电电阻值也不相同，因此测量时的放电电流和电压值也不相同，在使用时应按说明书的规定判断蓄电池的放电程度，或用已知容量的蓄电池加以标定。

五、汽车专用示波器

1. 概述

示波器是一种用来显示和记录随时间变化的电量（如电压、电流等）的仪器，它主要用于电压信号的拾取、分析，通常产生二维图形，垂直坐标（Y）对应着输入端电压，而水平坐标（X）对应着时间。

随着电控系统在汽车上的普遍使用，电子设备的修理工作就变得越来越重要。汽车专用示波器由此应运而生，它主要用于汽车传感器、点火波形、执行器及ECU输入/输出控制信号波形的检测和电路分析。常见的汽车专用示波器如图5-2-19所示。

图 5-2-19　常见的汽车专用示波器

汽车专用示波器拾取的电压信号有两种：一类是等于或低于蓄电池的低压信号，当电流突然中断时产生的感应电动势可高达100V；另一类为高于15kV的高压信号，如发动机的点火电压。对于低电压信号源，可通过测试线直接连接示波器；而对于高压信号的拾取，必须将一个感应夹卡在高压线上，当高压电流通过高压线时，在其周围就感应出一个电压信号，该信号由测试线输入示波器。

具体而言，当今汽车电子控制系统中的工作信号包括五种基本类型，它们分别是：直流（DC）信号、交流（AC）信号、频率调制信号、脉宽调制信号和串行数据（多路）信号。

上述这些信号通过汽车专用示波器拾取的电压波形主要有以下几种类型：

（1）汽车电控系统常见电压波形

① 直流电压（DC）波形。它是一条直线，如直流发电机的输出电压波形。

② 交流电压（AC）波形。它在屏幕上显示的是一条正弦波曲线。

③ 阶梯形电源波形。通常是由开关或继电器触点的开闭而产生的阶梯形直流电压的突变波形。

（2）点火波形　它是点火初级线圈电流切断时，在点火初级线圈和次级线圈中因自感和互感作用产生的电压波形。

（3）传感器波形　常见的有方波和脉冲波。

（4）其他波形　如对电控系统中执行元件的控制电压波形，对喷油器、步进电机等控制的电压波形。

下面以金德 K81 汽车专用示波器为例对汽车专用示波器的使用进行说明。

2. 金德 K81 汽车专用示波器的认识

（1）按键说明 如图 5-2-20 所示为金德 K81 汽车专用示波器的操作面板。该面板简洁明了，操作方便，在使用过程中每一步在屏幕上都有按键提示，因此使用者只要按照提示操作就可以了。

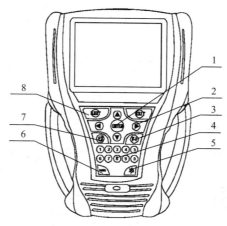

图 5-2-20 K81 示波器的操作面板
1—确认键；2—方向键；3—F2 辅助键；4—数字键；5—亮度键；6—电源键；7—F1 辅助键；8—退出键

操作面板中［ENTER］确认键的功能主要是进入菜单、确认所选项目；［▲］［▼］［▶］［◀］四个方向键可以对项目进行选择；［EXIT］键功能主要是返回上级菜单、退出；［F1］、［F2］是辅助键，按照操作提示使用。

（2）主机端口 K81 主机的端口位于主机头部和尾部，如图 5-2-21 所示。

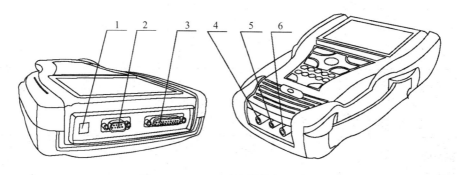

图 5-2-21 K81 示波器的主机端口
1—DC12V 电源；2—RS-232 串口；3—诊断测试口；4—示波 CH1；5—触发 CH3；6—示波 CH2

（3）附件 K81 示波器的随机附件如图 5-2-22 所示。

3. 金德 K81 汽车专用示波器的操作流程

首先按下示波器电源键开启示波器，按照图 5-2-23 所示，在示波器的菜单里按上下方向键选择需要检测项目，按［ENTER］键可以进入下一级菜单，直到选择需要的测试项目，按［EXIT］键可以返回上级菜单。

4. 通用示波器的调整方法

一般情况下，汽车专用示波器的波形显示不需要调整，当要做超出汽车专用示波器标准菜单以外的测试内容时，可以选择通用示波器功能，也就需要掌握一定的调整方法。在汽车

图 示	名 称	功 能
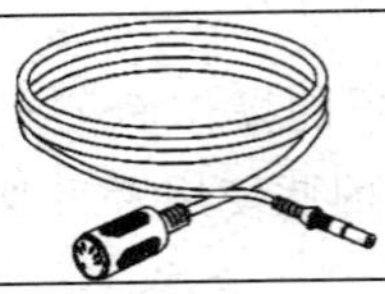	电源延长线	给主机提供电源，可以连接汽车点烟器接头或者汽车鳄鱼夹
	汽车点烟器接头	连接电源延长线和汽车点烟器给主机供电
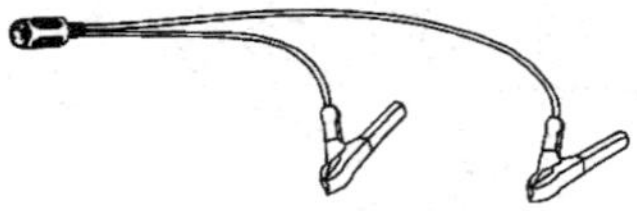	汽车鳄鱼夹	连接电源延长线和汽车电瓶给主机供电
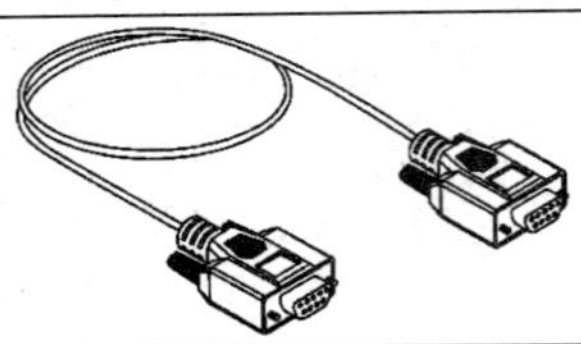	串行通信线	连接主机RS-232串口和PC机的串口实现联机或软件升级
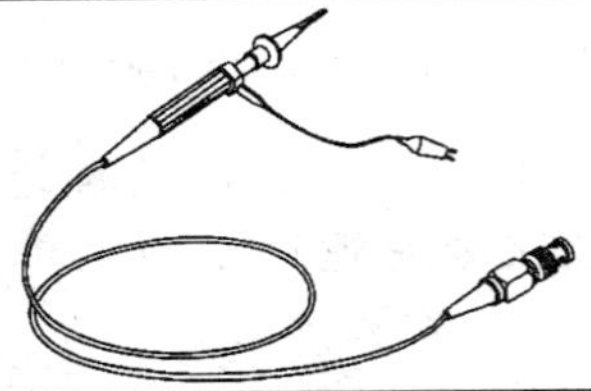	测试探针	连接到通道1、2输入，带地线，可以×1或者×10衰减
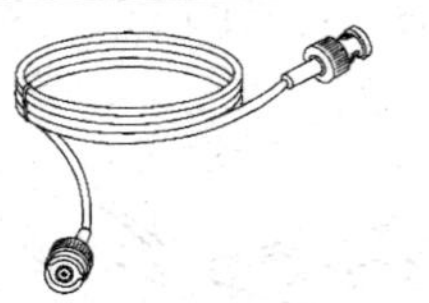	示波延长线	可以连接CH1、CH2通道，主要功能是延长输入信号线
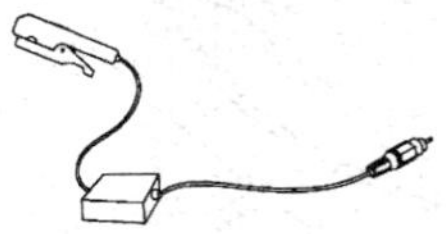	1缸信号夹	连接CH3通道，可以检测发动机转速，并认为被夹高压线为第一缸高压线
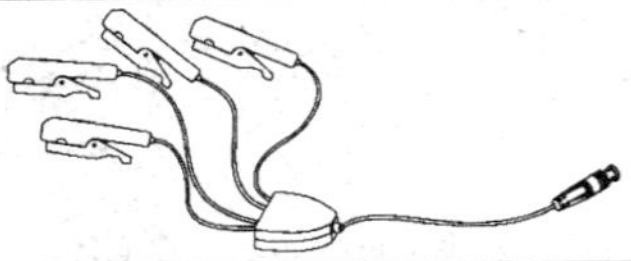	容性感应夹	可以接CH1、CH2通道，感应次级点火信号
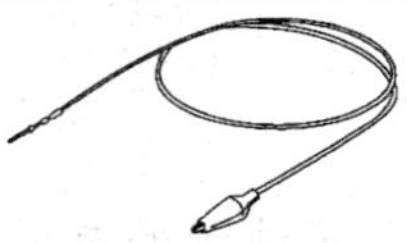	示波连接线	可以对接地线或者信号线进行延长，方便连接

图 5-2-22 K81示波器的随机附件

专用示波器测试过程中如果有相似菜单，调整方法也相同。

选择通用示波器，按［ENTER］键确认，如图 5-2-24 所示，在屏幕的下方有八个选项：通道、周期、电平、幅值、位置、启停、存储和载入，按左右方向键可以对项目进行选择。

第五章 汽车检测仪器与设备 | 109

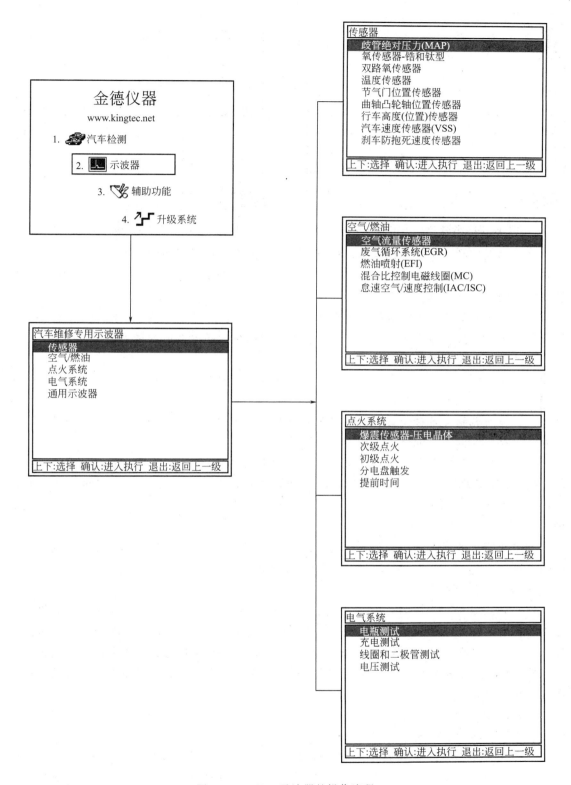

图 5-2-23　K81 示波器的操作流程

（1）通道调整　按上下方向键可以选择通道 1（CH1）、通道 2（CH2）和双通道方式三种形式，双通道方式如图 5-2-25 所示。

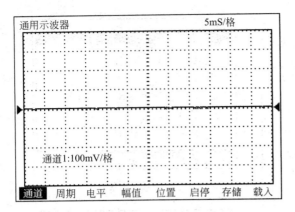
图 5-2-24　K81 的通用示波器界面

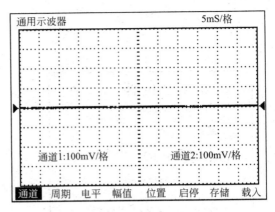
图 5-2-25　通用示波器的双通道界面

（2）周期调整　选择周期调整，按上下键可以改变每单格时间的长短，如果开机时设定的是 10ms/格，按向下键则会变为 5ms/格，波形就会变稀，按向上键则会变为 20ms/格，波形会变密，以此类推。

（3）电平调整　对纵轴的触发电平进行调整，对于同一波形，选择不同的触发电平，波形在显示屏上的位置就会跟着变化，如果触发电平的数值超出波形的最大最小范围时，波形将产生游动，在屏幕上不能稳定住。

（4）幅值调整　按上下方向键可以调整纵向波形幅值的大小，K81 示波器可以选择 1∶100、1∶200、1∶0.5、1∶1.0、1∶2.5 和 1∶5。

（5）位置调整　选择位置调整可以对波形的上下显示位置进行调整，按向上方向键，波形就会上移，按向下方向键，波形就会向下移动。

（6）波形的存储和载入　在选择通用示波器时，如果要存储当前波形，必须先选择启停，按［ENTER］键冻结当前波形，然后选择存储，按确认键，按左右方向键选择存储区，每一个界面可以存储两个波形，再次选择启停，按［ENTER］确认，重新显示当前波形。

如果要载入波形，则选择载入，按［ENTER］确认，左右方向键选择存储的区间，然后按［ENTER］键确认，就可以载入存在当前区间的波形。

5. 传感器波形检测

（1）连接设备　连接 K81 和电源延长线，根据被测试车型的电瓶位置选择电瓶供电或者点烟器供电，如果选择点烟器接头，应先确认点烟器是否有 12V 电瓶电压。将测试探头接入通道 1（CH1 端口），然后将测试探头上的小鳄鱼夹接蓄电池负极或搭铁，用测试探针刺入所测传感器的触发信号线。以测试进气歧管绝对压力传感器信号波形为例，连线方式如图 5-2-26 所示。

（2）测试步骤

① 打开 K81 电源开关。

② 在金德仪器的主菜单按上下方向键选择：2.示波器，按［ENTER］键确认。

③ 在汽车专用示波器菜单下选择传感器，按［ENTER］键进入汽车传感器选择菜单。

④ 选择要测试的传感器，按［ENTER］键确认，根据测试条件，屏幕将会显示波形。

⑤ 必要时可以通过左右方向键选择周期、幅值、电平等参数，然后按上下方向键改变波形，也可以选择启停，按［ENTER］键冻结波形后，选择存储，保存波形供以后修车

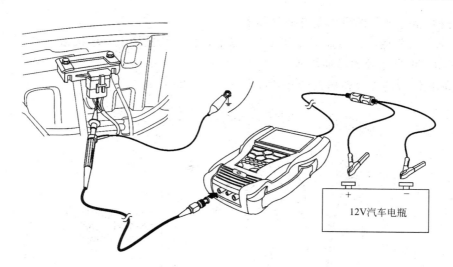

图 5-2-26　示波器测试传感器信号波形的连线方式

参考。

(3) 典型传感器的信号波形测试

① 歧管绝对压力传感器信号波形　歧管绝对压力传感器的输出信号有数字信号和模拟信号两种，以模拟信号居多。模拟信号的歧管压力传感器在真空度高时产生对地电压信号接近 0V，真空度低时（接近大气压力）产生的对地电压信号高，接近 5V，不同厂家指标可能不同，应以维修手册为准。

歧管绝对压力传感器信号波形的测试条件通常如下：

a. 打开汽车点火开关，不启动发动机，使用手动真空泵模拟真空，将其接至歧管绝对压力传感器的真空输入端。

b. 发动机运转，监测由怠速渐渐加速的信号。

一般数字式、模拟式歧管绝对压力传感器的波形参考图如图 5-2-27 所示。

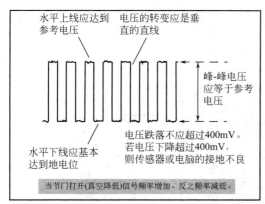
(a) 数字式歧管压力传感器信号波形

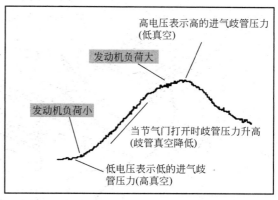
(b) 模拟式歧管压力传感器信号波形

图 5-2-27　歧管压力传感器信号波形

② 氧传感器信号波形　现在一般电控汽车上的氧传感器都是氧化锆型的，其输出信号的电压范围为 0～1V，而氧化钛型氧传感器的输出信号是有些为 5V 的可变电压信号，在测试时应注意区别。

氧传感器信号波形的测试条件通常如下：

a. 启动发动机使氧传感器加热至315℃以上，且发动机处于闭环状态。

b. 发动机由怠速开始增加转速。

一般氧化锆型的前氧传感器的参考波形如图5-2-28所示。

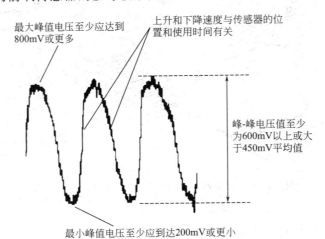

图 5-2-28　氧化锆型前氧传感器信号波形

目前汽车的电控发动机都装有两个氧传感器，分别安装在三元催化器的前端和后端，为发动机 ECU 提供表示催化净化之前和之后的排气中氧含量的输出电压，前氧传感器信号用作空燃比控制的反馈信号，后氧传感器信号用于 ECU 来测试催化净化的效率。由于长年使用会导致三元催化器的催化净化效率降低，后氧传感器信号的幅度就会增大，通过前后两个传感器电压幅度的差就可以测量出催化净化转换器转换有害废气的能力。

在同时测试前后氧传感器信号波形时，需要同时利用示波器的两个通道 CH1、CH2，连线方式如图 5-2-29 所示。

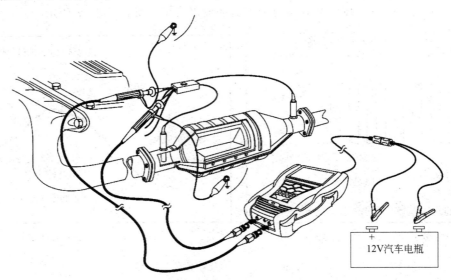

图 5-2-29　测试前后氧传感器信号波形的连线方式

测试双路氧传感器波形是通过前、后氧传感器的波形来判断三元催化器转换有害废气的能力是否丧失，一般来说两个波形幅值的差越大，说明三元催化装置的功能完好，如果幅值基本相同，说明三元催化装置已经丧失功能，示意图见图 5-2-30。

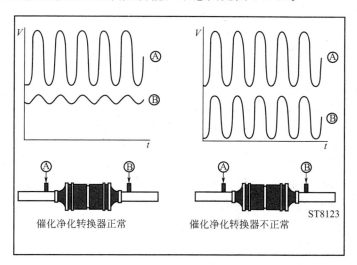

图 5-2-30　前后氧传感器信号波形的比较

③ 温度传感器信号波形　汽车的温度传感器主要指冷却液温度传感器和进气温度传感器，大部分的温度传感器都是负温度系数（NTC）热敏电阻，即当温度上升时电阻会下降，反之则相反。并且阻值越低，信号电压越小。信号电压通常在 0～5V 之间。温度传感器的控制电路如图 5-2-31 所示。

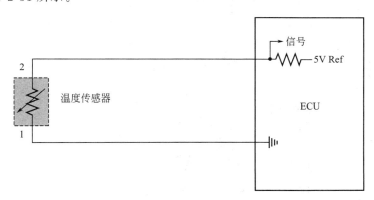

图 5-2-31　温度传感器的控制电路

参照制造商的规范手册，可以得到精确的温度传感器响应电压范围。通常冷车时温度传感器的电压应在 3～5V（全冷态），随温度升高，信号电压逐渐降低。当温度传感器电路断路时，将出现电压向上直到参考电压值的峰尖（5V）；当温度传感器电路对地短路时，将出现电压向下直到接地电压值的峰尖。

温度传感器信号波形的测试条件通常如下：

a. 打开点火开关，发动机不启动，温度传感器的连接线可靠，冷车测量温度传感器输出电压。

b. 启动发动机，观察温度传感器在暖机过程中电压下降的情况。

一般负温度系数的热敏电阻型冷却液及进气温度传感器的信号波形可参考图 5-2-32，具体以制造商手册为准。

④ 节气门位置传感器信号波形　节气门位置传感器（TPS）是现代汽车电控系统常见

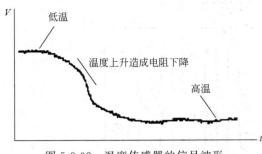

图 5-2-32 温度传感器的信号波形

的故障来源,它用于通知发动机 ECU 节气门打开的大小、是否开启或关闭以及开闭的速率,或者发动机所处的工况。当节气门位置传感器的电阻改变时,它送给 ECU 的电压信号也随之改变。

节气门位置传感器有两种:一种是开关型传感器,已经淘汰;另一种是目前普遍使用的传感器,为电位器型传感器,当其转轴变化时会引起电阻的变化(电位器)从而提供一个直流电压,该类型的节气门位置传感器是一个固定在节气门转轴上的可变电阻,它提供的直流电压作为 ECU 的一个输入信息。

节气门位置传感器信号波形的测试条件是:打开点火开关,发动机不启动,将节气门转到全开位置,然后转到全关位置,或是反向进行。

电位器型的节气门位置传感器通常是一个可变电位计,查阅制造商维修手册,可以得到精确的节气门位置传感器的电压范围,波形上不应该有任何断点、对地尖峰或大的波折。

其信号波形特征参见图 5-2-33。

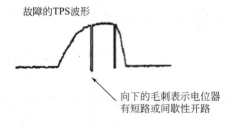

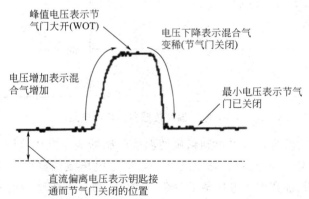

图 5-2-33 电位器型节气门位置传感器的信号波形

⑤ 转速传感器信号波形 目前汽车上的转速传感器主要有曲轴位置传感器、凸轮轴位置传感器、自动变速器输入轴/输出轴转速传感器、轮速传感器等,其传感器的类型多为电磁感应式和霍尔效应式两种。

如图 5-2-34 所示,电磁感应式转速传感器(可变磁阻传感器)不需外部电源,它由两条被屏蔽线覆盖的信号线(信号+和信号-)连接在静磁线圈上,当由低磁阻钢制造的触发轮通过线圈和静磁铁的磁场时就会有电压信号产生。该电压信号为电磁感应生成的(正弦波）交变电压信号，是模拟信号。信号的强弱只取决于磁通的变化率（磁通变化率越快，感应信号越强），而与磁通的大小无关。随转速的增加，信号频率和信号幅值也将加大。如图 5-2-35 所示。

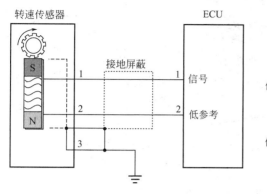

图 5-2-34　电磁感应式转速传感器电路

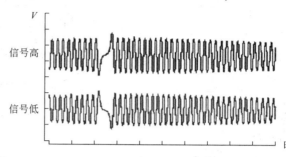

图 5-2-35　磁脉冲式转速传感器信号波形

霍尔效应传感器电路一般由电源、信号、搭铁三条线组成（见图 5-2-36）。其输出的电压信号为数字方波信号，输出信号的幅值不变（高－5V、低－0V 状态），信号频率随转速升高而增大。零转速时也会有信号输出。如图 5-2-37 所示。

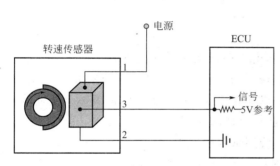

图 5-2-36　霍尔效应式转速传感器电路

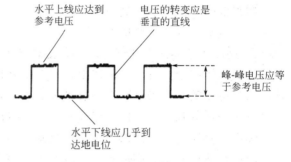

图 5-2-37　霍尔效应式转速传感器信号波形

（4）典型执行器——喷油器的波形测试　电控燃油喷射系统喷油器的喷油量多少用喷射时间表示。喷射时间可以表示为毫秒（ms）级的脉冲宽度，宽的脉冲表示在相同喷射压力下喷射的燃油较多。图 5-2-38 所示的为常用的喷油器控制电路，电子控制单元 ECU 通过一个驱动三极管提供一个路径给喷油器。当三极管导通时，电流流经喷油器和三极管最终接地，使喷油器打开。

如图 5-2-39 所示，在用 K81 专用示波器测试喷油器波形时，首先应连接电源延长线。将 1 缸信号夹连接到 CH3 通道并夹住 1 缸高压线，将测试探头前部的衰减开关拨到 ×10 位置，然后再接入通道 1（CH1 端口），将测试探头上的小鳄鱼夹接至蓄电池负极或搭铁，用测试探针刺入喷油器的信号线（即 ECU 控制喷油器搭铁的那条线路）。

注意：1 缸信号夹用于拾取发动机转速信号，如果 K81 不显示发动机转速，应将转速夹翻转 180°重新夹住高压线。

喷油器波形的测试通常遵循如下条件：

a. 连接设备后启动发动机，从急速开始测试，慢慢地提升发动机转速，同时观察喷油

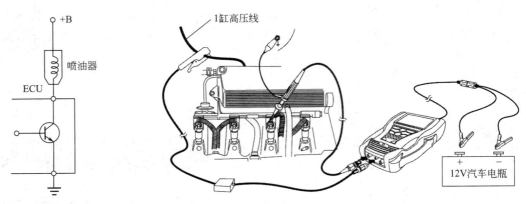

图 5-2-38　常用喷油器控制电路　　　　图 5-2-39　K81测试喷油器波形的线路连接

器的信号。

b. 改变歧管绝对压力传感器或氧传感器的输出信号以增加发动机的负荷。

c. 另外一个方法是断开氧传感器的接线,这会造成送往 ECU 的电压信号减小,ECU 会增加喷射脉冲宽度,但这种方法可能会造成故障码的出现。

d. 将氧传感器的信号端接到电瓶的正极(+),则会增加送往 ECU 的电压信号,ECU 会做出减少喷射脉冲宽度的反应。

测得的喷油器波形参见图 5-2-40。

(5) 点火系统波形测试

① 爆震传感器波形测试　爆震传感器通常是由一种特殊的压电晶体制作而成的,用螺栓按规定力矩固定在发动机缸体上,当它受到机械应力时会产生电压。发动机 ECU 会根据这一信号电压的大小来判断发动机是否爆震,并以此为依据进行点火正时的调整(让发动机始终处于爆震的临界点,但不爆震),使发动机获得最佳的性能。

爆震传感器波形的测试分为非在线测试和在线测试两种方式:

非在线测试是将爆震传感器连线断开,将 K81 示波器探针连接到爆震传感器的信号端子上,然后使用木槌在靠近传感器附近的缸体上敲击以使传感器产生信号。

在线测试,也称滞后点火测试,是在发动机运行过程中,通过使用木槌在靠近传感器附近的缸体上敲击以使传感器产生信号,观察点火时间以确认当爆震信号被 ECU 收到后点火滞后,从而验证爆震传感器功能正常,信号好用。

爆震传感器的波形与爆震的程度及原因有直接关系,因此每个波形看起来会有些差异,所以对爆震传感器的测试主要是检查是否有信号出现,对大多数汽车,当 ECU 收到由爆震传感器传来的信号时,会将点火延迟直到爆震消失为止,一般产生爆震的特征波形如图 5-2-41 所示。

② 点火次级波形测试　通过分析点火次级波形,可以有效检查车辆行驶性能及排放问题产生的原因。一般情况下,该波形主要是用来检查火花塞、高压线是否存在短路或者开路现象,火花塞是否由于积炭而引起点火不良等情况。点火次级波形还受到不同发动机、燃油供给系统、进气系统和点火条件的影响,所以还能根据点火次级波形有效地检测出发动机机械部件和燃油供给系统部件以及点火系统部件的故障。目前发动机点火系统主要包括直接点火和分组点火两种类型,直接点火是指一个汽缸对应一个点火线圈的点火方式;分组点火是指一个点火线圈为两个汽缸同时点火。

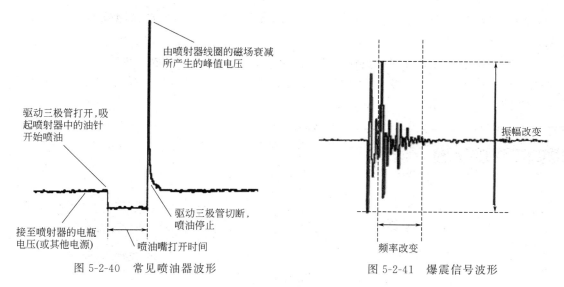

图 5-2-40　常见喷油器波形　　　　图 5-2-41　爆震信号波形

由于被测试发动机的点火方式和点火系统的连接方式不尽相同,所以连接的方法也不一样,在测试次级点火波形前,应先确认被测试发动机的点火方式。

对于直接点火系统,在包装箱中找出 1 缸信号夹和一个容性感应夹,1 缸信号夹一端接 K81 的 CH3 端口,信号夹夹住发动机 1 缸的高压线(查看信号夹上有"此面朝向火花塞",注意不要夹反);容性感应夹一端接 CH1 端口,然后将容性夹分别夹到各汽缸高压线上。

对于分组点火系统,在包装箱中找出 1 缸信号夹和两个容性感应夹,1 缸信号夹一端接 K81 的 CH3 端口,信号夹夹住发动机 1 缸的高压线(查看信号夹上有"此面朝向火花塞",注意不要夹反);查看点火线圈的极性,假设一侧是正那么另一侧肯定为负,相同侧的极性相同,共用同一个容性夹,连接方法如图 5-2-42 所示。

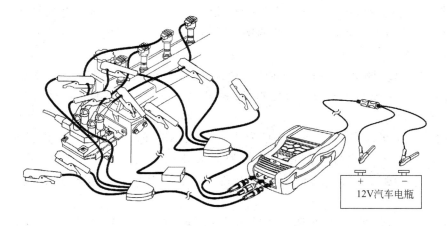

图 5-2-42　K81 测试分组点火系统次级波形的线路连接

测试时,在 K81 汽车专用示波器菜单下选择点火系统,按[ENTER]键进入点火系统选择菜单;选择次级点火,按[ENTER]键确认;再选择发动机参数设定,按[ENTER]键,屏幕显示如图 5-2-43 所示。

根据被测试发动机可以更改参数,按上、下方向键选择需要更改项目,按左、右方向键可以更改参数,更改完毕,按[EXIT]键返回上级菜单。

按向下方向键选择次级点火测试，按［ENTER］键确认，按照测试条件，屏幕显示波形。

必要时可以通过左右方向键选择模式、周期、参数、幅值等参数，然后按上下方向键改变波形，也可以选择启停，按［ENTER］键冻结波形后，选择存储，保存波形供以后修车参考，如图5-2-44所示。

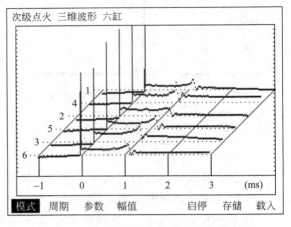

图5-2-43　K81点火次级波形测试的菜单选择　　　图5-2-44　K81测试的点火次级波形示例

说明：选择模式，按左、右方向键可以更改次级点火波形的显示模式，如三维波形、并列波形、纵列波形和单缸显示；按向右方向键选择参数，按［ENTER］键确认，可以返回发动机参数设定界面，重新更改。

点火次级波形分为三个部分：闭合部分、点火部分、中间部分，如图5-2-45所示。

闭合部分的时间段是三极管导通时间，应保持波形下降沿一致，表示各缸闭合角相同以及点火正时正确；点火部分呈现的是一条点火线和一条火花线（燃烧线），点火线显示一条垂直线，代表的是击穿电压，火花线则是一条近似水平的线，代表维持电流通过火花塞间隙所需的电压；中间部分显示的是点火线圈中通过初级和次级的振荡来耗散剩余的能量，一般最少有2个振荡波。

③ 点火初级波形测试　由于点火初级和次级线圈的互感作用，在次级发生跳火会反馈给初级电路，因此测试点火初级波形也能在一定程度上反映出次级点火的状况，因此对其进行测试也很有必要。

要测试点火初级波形，应将1缸信号夹一端接K81的CH3端口，信号夹夹住发动机1缸的高压线（查看信号夹上有"此面朝向火花塞"，注意不要夹反）；测试探头一端接CH1端口，测试探针头部衰减开关拨到"×10"位置，并接至点火线圈的"IG-"信号线。

在K81专用示波器菜单下选择点火系统，按［ENTER］键进入点火系统选择菜单；选择初级点火，按［ENTER］键确认；再选择发动机参数设定，按［ENTER］键确认。

根据被测试发动机可以更改参数，按上、下方向键选择需要更改项目，按左、右方向键可以更改参数，更改完毕，按［EXIT］键返回上级菜单。

按向下方向键选择初级点火多缸模式测试，如果是直接点火则选择初级点火单缸模式，按［ENTER］键确认，按照测试条件，屏幕显示波形，如图5-2-46所示。

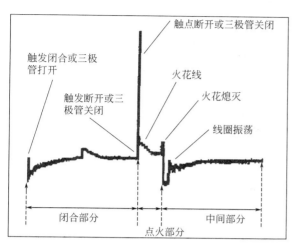
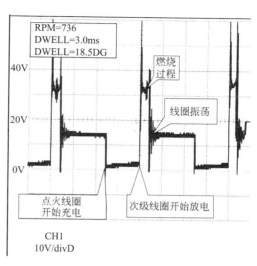

图 5-2-45 点火次级波形分析　　　　图 5-2-46 点火初级波形分析

④ 点火提前角测试　K81 示波器的两通道可以测试点火系统的点火提前时间,即点火提前角,CH1 通道连接到第一缸或点火线圈的(点火模组)初级,CH2 通道连接到上止点(TDC)信号。设备具体连接方法如图 5-2-47 所示:将两个测试探头分别接入 K81 示波器的通道 1 和通道 2（CH1、CH2 端口）,将 1 缸信号夹接入 CH3,然后将连接 CH1 测试探头的小鳄鱼夹接蓄电池负极或搭铁,分别用测试探针刺入点火线圈的"-"接头和曲轴位置传感器的信号线。

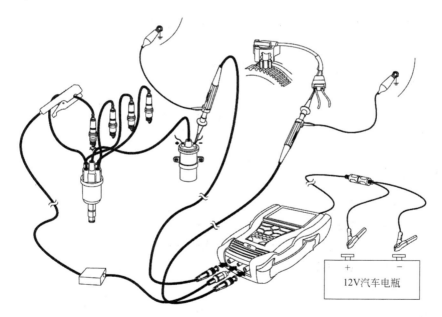

图 5-2-47　K81 测试点火提前角的连接方式

在 K81 专用示波器的 [点火系统] 菜单下,选择 [提前时间],按 [ENTER] 键确认,进入波形显示屏幕。启动发动机并使其怠速运转,慢慢加速同时观察屏幕的结果。特征波形参考图 5-2-48。

注意:测试时,K81 示波器的 CH2 通道测试线不可接地。

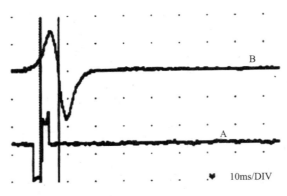

图 5-2-48　点火提前时间波形分析

课后练习题

1. 操作练习：正确使用汽车专用万用表测量喷油器电阻、蓄电池电压、冷却液温度。
2. 操作练习：正确使用钳形电流表测量流经蓄电池的电流大小。
3. 操作练习：正确使用测电笔测量电动燃油泵供电端子是否有电。
4. 操作练习：正确使用高率放电计测试蓄电池的性能状况。
5. 操作练习：正确使用汽车专用示波器测试喷油器波形。
6. 操作练习：正确使用汽车专用示波器测试点火系统次级波形。
7. 操作练习：正确使用汽车专用示波器测试前氧传感器波形。
8. 操作练习：正确使用汽车专用示波器测试曲轴位置传感器信号波形。

第三节　其他检测设备

一、冰点密度计

1. 冰点密度计的认识

冰点密度计又称电解液比重计，是测量蓄电池溶液相对密度及防冻液冰点的专用检测仪器，如图 5-3-1 所示，冰点密度计主要由折光棱镜、盖板、调节螺钉（校准）、镜筒、光学系统管路和目镜（视度调节手轮）等组成。

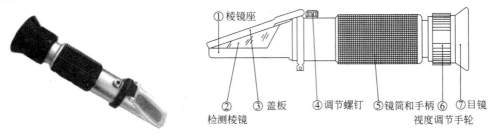

图 5-3-1　冰点密度计的结构

2. 冰点密度计的作用

冰点密度计是根据不同浓度的液体具有不同的折射率这一原理设计而成的，只要在冰点密度计的棱镜表面滴几滴液体，然后向着光观察，就可以快速读出溶液的测量值。通过测得的百分比就可以读出以丙二醇和乙二醇为基的防冻液的冰点和汽车前窗玻璃清洁液的冰点，还可用来检查蓄电池内电解液的相对密度。

3. 冰点密度计的使用

冰点密度计的使用应遵循以下操作步骤：

（1）将折光棱镜对准光亮方向，调节目镜视度环，直到标线清晰为止。

（2）基准调整。测定前首先使用标准液（纯净水）进行基准测定（仪器及待测液体应基于同一温度）；掀开盖板，然后取2～3滴标准液滴于折光棱镜上，并用手轻轻按压平盖板，通过目镜会看到一条蓝白分界线。旋转调节螺钉使目镜视场中的蓝白分界线与基准线重合（0%）（注：仪器通常在出厂时已调校好，可直接使用）。

（3）测量。用柔软绒布擦净棱镜表面及盖板，掀开盖板，取2～3滴被测溶液滴于折光棱镜上，盖上盖板轻轻按压平，里面不要有气泡，然后通过目镜读取蓝白分界线的相对刻度，即为被测液体的测量值。

图5-3-2所示的是观测者通过目镜所观察到的视场图像。视场最底端的刻度（WATERLINE/ANTI-FREEZE）为纯净水的0℃刻度线；左侧标尺用于标定丙二醇型（PROPYLENE GLYCOL）防冻液的冰点值；右侧标尺用于标定乙二醇型（ETHYLENE GLYCOL）防冻液的冰点值；中间标尺用于标定蓄电池电解液（BATTERY FLUID）的相对密度，其中1.10～1.20刻度区表示需充电（RECHAGE），1.20～1.25刻度区表示电量够用（FAIR），1.25～1.30刻度区表示电量充足（GOOD）。

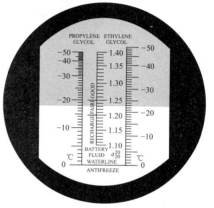

图5-3-2 冰点密度计的视场图像

以图中的蓝白分界线为例，如果测试的是乙二醇型防冻液，说明其冰点为-22℃；如果测试的是铅酸蓄电池的电解液，则表明电解液相对密度为1.23。

（4）测量完毕后，直接用潮湿绒布擦干净棱镜表面及盖板上的附着物，待干燥后，妥善保存起来。

（5）在测量电池液时，注意不要洒在皮肤和眼睛上，以防烧伤，测试后仔细擦净仪器。

冰点密度计应注意以下维护事项：

（1）使用完毕后，严禁用水直接冲洗，避免光学系统管路进水。

（2）在使用与保养中应轻拿轻放，不得任意松动仪器各连接部分，不得跌落、碰撞，仪器要精心保养，光学零件表面不应碰伤、划伤。

（3）仪器应在干燥、无尘、无腐蚀性气体的环境中保存，以免光学零件表面发霉。

二、红外测温仪

1. 红外测温仪的认识

红外测温仪是一种非接触式温度测量装置，它使用便捷，能够快速进行温度测量。如图

5-3-3 所示，红外测温仪主要由激光器、红外探测器、光学系统、信号放大器及信号处理、显示输出等部分组成。光学系统汇聚其视场内的目标红外辐射能量，视场的大小由测温仪的光学零件及其位置确定。红外能量聚焦在红外探测器上并转变为相应的电信号。该信号经过放大器和信号处理电路，并按照仪器内置的算法和目标发射率校正后转变为被测目标的温度值。

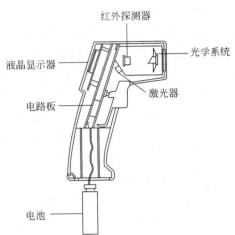

图 5-3-3　红外测温仪的结构

2. 红外测温仪的作用

红外测温仪在汽车检测工作中非常便利，能够安全地读取难以接近的或不可接触的目标温度（如高温的排气管、发动机缸体、水箱等）。红外测温仪测量温度相对精确，一般在 1℃ 以内。

3. 红外测温仪的使用

红外测温仪的测温过程是：手持红外测温仪对准被测物体，按动测试开关，此时目标物体发出的红外热辐射经过空气（或其他介质）传播到达测温仪的光学系统，经光学系统搜集会聚到探测器上，探测器将辐射能量转化成电信号，经过电子线路、微机处理、计算后送显示器显示或输出，就得到目标物体的温度值或温度信号，达到测量目标温度的目的。如图 5-3-4 所示为测量发动机表面温度的示例。

在使用红外测温仪时，还要注意以下事项：

（1）红外测温仪不能透过玻璃测量温度，因为玻璃具有很特殊的反射和透过特性，会影响红外线温度读数的精确性。但是可通过红外线窗口测温。

（2）红外测温仪最好不用于光亮的或抛光的金属表面的测温（如不锈钢、铝等）。

（3）红外测温仪只能测量物体的表面温度，不能测量物体的内部温度。

（4）测量时，要仔细定位热点，发现热点，用红外线测温仪器瞄准目标，然后在目标上作上下扫描运动，直至确定热点。

（5）在使用红外测温仪时，要注意环境条件：烟雾、蒸汽、尘土等，它们均会阻挡仪器的光学系统而影响精确测温。

（6）使用红外测温仪时，还要注意环境温度，如果红外测温仪突然暴露在环境温差为 20℃ 或更高的情况下，允许仪器在 20min 内调节到新的环境温度。

三、尾气分析仪

1. 尾气分析仪的作用

汽车尾气分析仪是检测汽车尾气排放的专用检测仪器,它除了具有对机动车的排放情况进行检测,监测其污染物的排放水平,判断排放污染物是否合格或超标的作用外(图 5-3-5 所示),还具有以下功能:

图 5-3-4 利用红外测温仪测量发动机表面温度

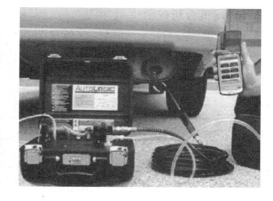

图 5-3-5 汽车尾气测试

(1) 通过对装有三元催化器电喷汽车的检测诊断,可以监测其电控系统、燃烧系统、催化转化系工作是否正常,达到发现问题并找出解决相应问题办法的目的。

(2) 检测汽车排放系统是否存在泄漏、破损。

(3) 可以检查包括燃烧情况、点火能量、进气效果、供油情况、机械情况等诸多发动机故障。

(4) 其他涉及的诊断用途,如采用 OBD 接口技术,进行系统故障代码的诊断,判断其空燃比、氧传感器等是否正常等。

2. 尾气分析仪的类型

汽车尾气分析仪有两气、四气和五气等多种类型。两气尾气分析仪只能检测汽车尾气排放中 CO 和 HC 的体积分数;四气尾气分析仪能够检查汽车尾气排放中的 CO、HC、CO_2 和 O_2 四种成分;随着环保法规的日益严格,目前普遍使用的是五气尾气分析仪,它除了具备四气尾气分析仪的所有功能外,还能够监测汽车尾气排放中 NO_x 的浓度。

3. 尾气测试方法

尾气测试方法主要包括:怠速法、双怠速法、工况法等三种方法。

(1) 怠速法。怠速法是指车辆发动机处于怠速状态下对汽车尾气进行测试的方法。怠速是指发动机在无负荷状态下所能维持的最低的稳定转速(即离合器处于结合状态,变速器处于空挡位置)。

(2) 双怠速法。双怠速法是指在怠速和高怠速两种状态下分别对汽车尾气进行测试的方法。高怠速是指将发动机转速稳定控制在 50% 额定转速。一般轻型汽车的高怠速转速规定为 (2500±100)r/min,重型汽车的高怠速转速规定为 (1800±100)r/min。

(3) 工况法。工况法是指模拟汽车在路面行驶时的状况,利用测功机根据要求加载对汽车尾气进行测试的方法。工况法包括稳态工况法和瞬态工况法两种检测方法。

① 稳态工况法。稳态工况法是 ASM5025 和 ASM2540 两种工况法的结合(ASM5025 表示车速 25km/h、负荷的 50% 对该工况进行加载,故称 ASM5025 工况;ASM2540 表示车

速 40km/h，负荷的 25％对该工况进行加载，故称 ASM2540 工况）。稳态工况法主要检查汽油车在实际行驶时 CO、HC、NO_x 和 CO_2 的排放状况，如果每种污染物的排放浓度都在标准规定的限值内，则可认为该车辆的简易工况法排放检测结果合格。

② 瞬态工况法。瞬态工况法中常用的是简易瞬态工况法（Vmas）。瞬态工况法在分析仪下不仅要测试稳态工况法所测试的几种气体，还需要使用气体流量计与其一起完成测试，如都满足相应标准限值的要求，则检测结果合格。

4. 尾气分析仪的使用

下面以 MQW-511 型尾气分析仪为例介绍五气尾气分析仪的使用方法。

（1）尾气分析仪的组成　MQW-511 型尾气分析仪的基本配置如表 5-3-1 所示，主要由尾气分析仪主机、取样枪及取样管、过滤器、电源线、转速夹、打印机等组成。

表 5-3-1　MQW-511 型尾气分析仪的基本配置

部　件	图　片	功能说明
主　机		尾气分析仪主机
取样枪及取样管		取样系统，取样管长 5m，取样枪插入排气管深度不小于 400mm
前置过滤器		气体滤清用，应及时更换
电源线		给主机供电，接入电源插座
转速夹		测量汽车发动机转速，用于急速、双急速测量
打印机（选配）		直接打印测量结果

尾气分析仪主机的前面板如图 5-3-6 所示。
尾气分析仪主机的后面板如图 5-3-7 所示。

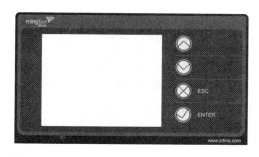

图 5-3-6　MQW-511 型尾气分析仪主机前面板

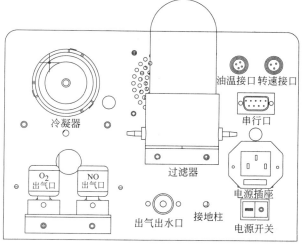

图 5-3-7　MQW-511 型尾气分析仪主机后面板

提示：MQW-511 型尾气分析仪采用非分光红外测量尾气中的 CO、HC、CO_2 组分，采用电化学原理测量 O_2、NO。

（2）测量前准备　在开始使用仪器前应进行以下检查及操作。

① 取样探头组件连接和检查　如图 5-3-8 所示，将前置过滤器用连接管连接到取样探头上，并用管夹将其夹紧防止漏气；将取样管连接到前置过滤器出口和冷凝器样气入口处，并用管夹将其夹紧防止漏气。

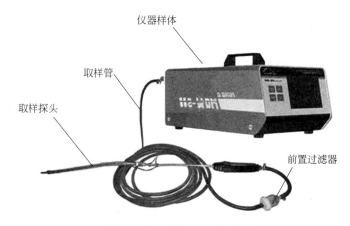

图 5-3-8　取样探头组件连接

② 检查粉尘过滤组件　检查粉尘过滤器滤纸是否污损；检查粉尘过滤器 O 形密封圈密封性能是否良好，安装位置是否正确；检查粉尘过滤器盖是否完整无损，密封性能是否良好。

③ 检查保险丝　拔下连接仪器端电源线插头，取出保险丝并检查是否熔断，其标值应为 3A。

④ 检查电源　电源线应接在仪器所标明电压和频率电源上，不要将仪器放置在电焊机等产生显著干扰场所附近，以及不要与这类装置共用电源，电源插座应有接地端子。

(3) 尾气测量　检查完毕一切正常后，即可执行开机操作。屏幕立即显示预热界面，如图 5-3-9 所示。

图 5-3-9　开机预热界面

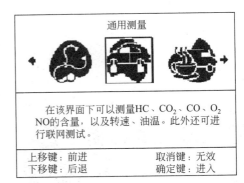

图 5-3-10　主菜单界面

仪器进入预热界面后，可按确定键退出预热界面进入主菜单界面（见图 5-3-10），或者 15min 预热完毕，仪器自动调零并进入主菜单界面（注：如果参数设置中的检漏开关为"开"，则会进入检漏界面）。为保证数据正确，请尽量让仪器预热 15min 后自动退出预热界面。

仪器的主菜单共包含了十二项子菜单，分别是：通用测量、怠速测量、双怠速测量、摩托车双怠速测量、HC 吸附测试、氧通道调零、检漏、标定、参数设置、数据查阅、状态诊断、关于我们。

① 通用测量　在主菜单界面下选中通用测量后，按确定键进入通用测量界面，如图 5-3-11 所示。在界面的顶端，显示该界面的名称"通用测量"、平台的当量系数（PEF）和气路中的压力；屏幕中间显示 HC、CO_2、CO、O_2、λ、转速和油温的数值以及测试状态提示；而在界面的最底端为按键功能提示。

```
PEF: 0.523          通用测量          P: 100.73kPa

    HC    0000    ×10⁻⁶    CO₂   00.00   %
    CO    00.08   %        O₂    20.61   %
    NO    0000    ×10⁻⁶    λ     01.00
    转速  5000r/min         油温  0000    ℃
    状态：

上移键：手动调零              取消键：返回菜单
下移键：切换界面              确定键：开始测量
```

图 5-3-11　通用测量界面

当处在该界面时，界面将实时地显示测量数据，但是泵和电磁阀都是关闭的状态。此外，当仪器的自动调零功能设置为"开"时，仪器将会自动调零，如果仪器的自动调零功能设置为"关"时，仪器将不会自动调零。此时，可以按上移键进行手动调零。

按确定键进入测量状态。当仪器处于测量状态时，状态栏提示：测量中。但此时界面的右下角显示的是当前仪器内部气体的流量，共分 5 段显示。如果流量过低时，仪器有报警提示。如图 5-3-12 所示。

```
PEF: 0.523          通用测量          P: 100.73kPa

HC      0000    ×10⁻⁶     CO₂    00.00    %
CO      00.08   %         O₂     20.61    %
NO      0000    ×10⁻⁶     λ      01.00

转速    5000r/min         油温    0000    ℃

状态：测量中

上移键：手动调零           取消键：返回菜单
下移键：切换界面           确定键：开始测量
```

图 5-3-12　通用测量的测量状态界面

此时，可按下移键退出测量状态，此时流量提示将关闭。

当仪器未进入测量状态，处于初始状态时，按下移键进入切换坐标的界面，如图 5-3-13 所示。上移键和下移键分别为向上选择和向下选择气体种类。确定键为开始测量。

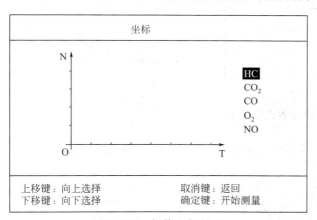

图 5-3-13　切换坐标界面

② 怠速测量　在主菜单界面下选中怠速测量后，按确定键进入如图 5-3-14 所示的怠速测量界面。

```
                怠速测量

HC              ×10⁻⁶      CO₂             %
CO              %          O₂              %
NO              ×10⁻⁶      λ

额定转速    5000r/min       油温            ℃

车牌

上移键：上选择              取消键：返回
下移键：下选择              确定键：开始检查
```

图 5-3-14　怠速测量界面

当处于怠速测量界面时，可以按上移键和下移键来选择车牌和额定转速的设置，如图 5-3-15 所示。

选中后，按确定键将进入相应的操作。

选择了额定转速的设置后，按确定键进入具体数值的修改，其修改的顺序为从高位到低位，上移键和下移键为增加或减小数据，选择完毕后，按确定键进行下一位的修改，以此类推。

选择了车牌后，按确定键将进入车牌输入界面。输入车牌后（如果不输入车牌，数据将不能保存），所输入的车牌号将显示在车牌两个字的后面。

设置完这两项以后，按确定键，开始进行怠速测量。其第一步为仪器调零，屏幕中间将显示"调零中"字样，如图 5-3-16 所示。

图 5-3-15 额定转速和车牌设置界面

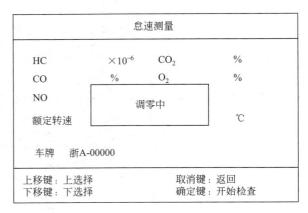

图 5-3-16 仪器调零界面

调零结束以后，仪器将显示如图 5-3-17 所示的提示。此时，按确定键进入 HC 吸附测试，如图 5-3-18 所示。

图 5-3-17 提示界面

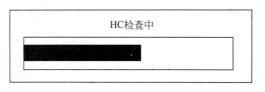

图 5-3-18 HC 吸附测试界面

HC 检查完毕后，将提示操作者加速到额定转速的 70%，达到相应的转速后，请保持相应的时间，如图 5-3-19 所示。时间结束以后，提示操作者减速到怠速，如图 5-3-20 所示。

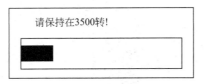

图 5-3-19 转速保持提示界面

图 5-3-20 减速提示界面

减速后，仪器又将提示：保持怠速，并插入取样探头。此时，按照提示，将汽车保持在怠速的状态，同时，将取样探头插入汽车排气管，然后按确定键，屏幕将显示如图 5-3-21 所示的提示界面。

图 5-3-21 怠速测量中界面

此时，仪器处于测量状态，测量结束后，屏幕显示测量数据，如图 5-3-22 所示；此时，按确定键将出现一个对话框，询问是打印还是保存，如图 5-3-23 所示。选择一项操作，然后按确定键执行。

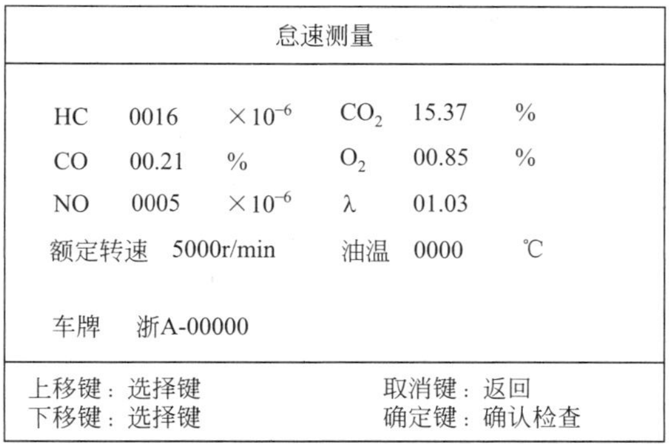

图 5-3-22 怠速测量数据界面　　　　　图 5-3-23 打印提示界面

③ 双怠速测量　在主菜单界面下选中双怠速测量后，按确定键进入如图 5-3-24 所示的界面。

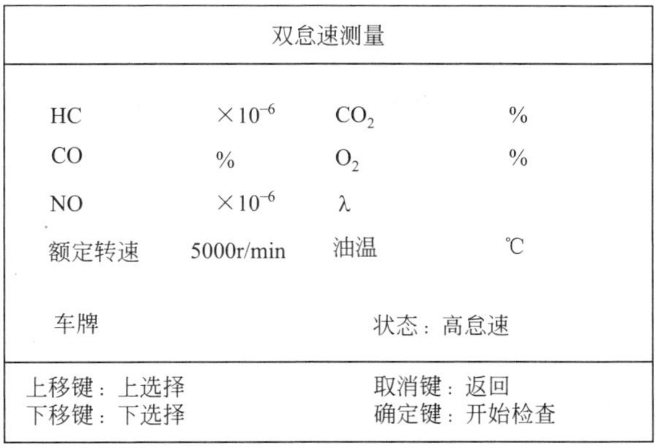

图 5-3-24 双怠速测量界面

处于双怠速测量界面时，通过按上移键和下移键来选择车牌和额定转速的设置。设置完这两项以后，按确定键，开始进行双怠速测量。其第一步为仪器调零，屏幕中间将显示"调零中"字样；调零结束以后，根据仪器提示，按确定键进入 HC 吸附测试；HC 检查完毕后，仪器将提示操作者加速到额定转速的 70%，如图 5-3-25 所示；达到相应的转速 30s 后，提示操作者将转速降到高怠速，如图 5-3-26 所示。

达到高怠速数值后，保持转速并将取样探头插入汽车排气管，界面提示如图 5-3-27 所示。按确定后，进入高怠速测量，如图 5-3-28 所示。

图 5-3-25　70%额定转速保持界面

图 5-3-26　高怠速保持界面

图 5-3-27　高怠速提示界面　　　　　图 5-3-28　高怠速测量界面

高怠速测量结束后,仪器将提示操作者将发动机减速至怠速,如图 5-3-29 所示。当速度降至怠速后,仪器又将提示保持怠速,如图 5-3-30 所示。

图 5-3-29　减速至怠速提示界面　　　　　图 5-3-30　怠速保持提示界面

按确定键后,进入低怠速测量,如图 5-3-31 所示。

图 5-3-31　低怠速测量界面

低怠速测量结束后,仪器将显示双怠速测量数据,如图 5-3-32 所示。

双怠速测量			
HC	0016　$\times 10^{-6}$	CO_2	15.37　%
CO	00.21　%	O_2	00.85　%
NO	0198　$\times 10^{-6}$	λ	01.03
额定转速	5000r/min	油温	0000　℃
车牌	浙A-00000	状态:高怠速	
上移键:选择键		取消键:返回	
下移键:选择键		确定键:确认检查	

图 5-3-32　双怠速测量数据界面

按下移键,将显示高怠速的数据,上移键则显示低怠速的数据。按确定键将出现一个对话框,询问是打印还是保存,如图 5-3-33 所示。选择一项操作,然后按确定键执行。

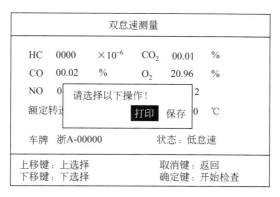

图 5-3-33 打印和保存选择界面

④ HC 吸附测试 在主菜单界面下选中双怠速测量后，按确定键进入如图 5-3-34 所示的界面。此时，可以按确定键开始 HC 吸附测试，如图 5-3-35 所示。

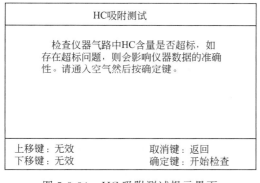

图 5-3-34 HC 吸附测试提示界面

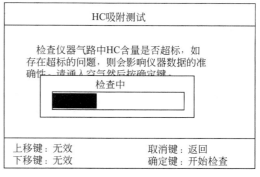

图 5-3-35 HC 吸附测试界面

测试结束后则显示，合格或者不合格，如图 5-3-36 所示。按确定后，对话框消失。

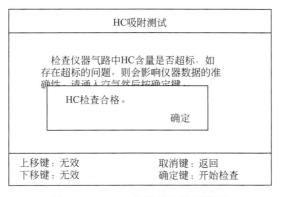

图 5-3-36 HC 吸附测试结果界面

⑤ 氧通道调零 在主菜单中选择氧通道调零选项后，会显示如图 5-3-37 所示的氧通道调零界面。

按确定键后，将弹出一个对话框，如图 5-3-38 所示，询问是否开始氧通道的调零；此时，按取消键，将返回初始状态，按确定键则提示通入零气，如图 5-3-39 所示。

操作者将氮气或不能含有氧气的气体通入标气口，观察右下角的氧气数据为零（接近零）后，稳定 2s，按确定键则提示将标气口堵住，如图 5-3-40 所示；堵住标气口后，按确

```
        氧通道调零

    对氧气的零点进行标定，在您更换氧传
    感器时必须进行该操作。请在通入零气后按
    确认键。




上移键：无效          取消键：返回
下移键：无效          确定键：开始
```

图 5-3-37　氧通道调零界面

```
按确定键将开始氧
通道调零！
```

图 5-3-38　氧通道调零提示界面

```
请通入零气，然后
按确定键！
```

图 5-3-39　通入零气提示界面

```
请堵住标气口，然
后按确定键！
```

图 5-3-40　堵住标气口提示界面

```
正在调零……
```

图 5-3-41　正在零气界面

定键，则提示正在调零，如图 5-3-41 所示。

调零结束后，如果成功，则提示调零成功，如图 5-3-42 所示。按确定键，将退出该界面。

```
调零成功！
```

图 5-3-42　调零成功提示界面

⑥ 检漏　在主菜单中选择检漏选项后，会显示如图 5-3-43 所示的检漏界面。

此时，按确定键开始进行检漏，如图 5-3-44 所示。

检漏结束后，显示检漏结果，如图 5-3-45 所示。如果检漏不成功，则显示如图 5-3-46 所示。按确定键返回检漏初始界面状态。此类情形应先检查气路，排查泄漏点，再进行其他操作。

⑦ 标定　在标定界面下可选择一点标定或是两点标定。如果选择一点标定，按确定键仪器会进入如图 5-3-47 所示的界面。

如图 5-3-48 所示，此时可以按上移键和下移键来选择操作者需要标定的通道；选中后，按确定键，光标显示则选择了某个通道进行标定，通过确定键光标移位，操作上下移键将标定值输入到预设值里，设置完毕后，按上下键将光标移出各个通道，如图 5-3-49 所示。

图 5-3-43　检漏界面

图 5-3-44　正在检漏提示界面　　　图 5-3-45　检漏良好界面　　　图 5-3-46　检漏不成功界面

图 5-3-47　一点标定界面

图 5-3-48　标定通道选择界面　　　　　　图 5-3-49　标定值输入界面

此时，按确定键，开始标定。状态栏将提示正在调零中，如图 5-3-50 所示；当调零结束后，仪器将提示通入要标定的气体，如图 5-3-51 所示。

通入气体后，在测量值栏中会显示浓度数据（注意：C_3H_8 或 HC 的测量值以正乙烷当量显示），待数据稳定后，按确定键，数据便标定进去了，标定结束后，提示标定成功或者超范围等等，如图 5-3-52 所示。

| 状态：调零中 | 状态：请通气 | 状态：标定成功 |

图 5-3-50　调零提示界面　　　图 5-3-51　通气提示界面　　　图 5-3-52　标定结果界面

注意：查看数据应返回至通用测量界面，进行数据记录或对其他气体进行其数据的测量。

在标定界面下如果选择两点标定，按确定键仪器会进入两点标定的界面，如图 5-3-53 所示：首先标定低浓度气体。

采用与一点相同的操作方法，选中需要标定的通道和输入预设值，然后开始低点标定，操作方法也与一点标定相同。低点标定完成后，仪器会提示标定成功。然后按确定键开始高点标定，仪器显示高点标定的界面，如图 5-3-54 所示。再按确定键开始高点标定，此时不需要重新调零，仪器提示请通气，然后观察测量值，等数值稳定后按确定键标定。标定结束后，仪器将提示标定成功或者超范围等。

低点		
	预设值	测量值
○ CO	03.46	00.00　%
○ CO_2	11.00	00.00　%
○ HC	6249	0000　$\times 10^{-6}$
○ C_3H_8	6249	0000　$\times 10^{-6}$
○ NO	1532	0000　$\times 10^{-6}$
PEF：0.478		状态：
上移键：向上选择		取消键：返回
下移键：向下选择		确定键：确认

高点		
	预设值	测量值
⊙ CO	03.46	00.00　%
⊙ CO_2	11.00	00.00　%
○ HC	6249	0000　$\times 10^{-6}$
⊙ C_3H_8	6249	0000　$\times 10^{-6}$
○ NO	1532	0000　$\times 10^{-6}$
PEF：0.478		状态：
上移键：向上选择		取消键：返回
下移键：向下选择		确定键：确认

图 5-3-53　低点标定界面　　　　　　图 5-3-54　高点标定界面

等标定完成后，返回到通用测量界面下检查标定数据的准确性。

（4）转速夹的使用方法　感应式转速夹（见图 5-3-55）与排气分析仪配套使用。它通过分析发动机任一缸上的点火脉冲，得到相应的点火频率，然后通过设置发动机的冲程和点火次数，根据发动机的转速与点火次数和冲程的换算关系，计算出发动机的转速。

将转速夹连线的航空插头连接到仪器转速接口上，然后把转速夹夹在汽车发动机的任一汽缸线上，将发动机处于低怠速状态，转速传感器将有大约 3s 的自动初始化计算，初始化完成后，即进行测量。此时，从排气分析仪上可直接读出当前的转速值（注意：夹在点火线测量时注意转速夹的箭头指示方向）。

如测量结果不理想（不准确或不稳定），可尝试更换其他点火线来测量，或者将转速夹反个方向夹在缸线上进行测量。

（5）尾气分析仪的保养与维护　当仪器的取样系统被汽车尾气中的粉尘、油污等脏物阻塞，将会导致取样系统的尾气流量降低，影响测量的响应时间及结果，故使用一段时间后，需更换前置过滤器的滤芯和双层过滤器的滤芯（滤芯开始发黑即需更换）。

① 更换双层过滤器滤纸 如图 5-3-56 所示，逆时针方向用力旋转双层过滤器的盖罩，将其卸下，拧开上盖取下两个滤芯，换上新滤芯，压上密封圈，然后拧紧压盖，注意必须使其不漏气。

图 5-3-55 转速夹

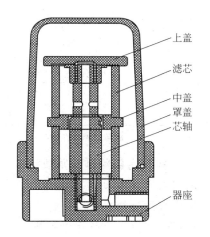

图 5-3-56 双层过滤器结构

② 更换前置过滤器 如图 5-3-57 所示，将采样管和短导管连接的前置过滤器取下。从仪器备件中取出前置过滤器，按外壳上标示的气流方向箭头连接取样管和短导管。

图 5-3-57 前置过滤器位置

（6）尾气分析仪的常见故障及处理方法 MQW-511 型尾气分析仪的常见故障及处理方法参见表 5-3-2。

表 5-3-2 MQW-511 型尾气分析仪的常见故障及处理方法

常见故障现象	分析故障原因	处理方法
打开电源开关后无显示	电源线、插头、插座损坏；保险烧断、开关损坏	更换损坏部件，如更换后故障仍然存在，与服务商联系
校准时显示数字不变	仪器预热时间过短	继续预热
	标准气用完，气嘴堵塞	清理气嘴或与生产厂家联系
仪器测量时数字上下跳动，超过允许误差	取样探头、采样管、过滤器漏气	紧密安装各部件
	探头插入汽车排气管深度不够	见说明书要求插入深度
	被测车辆是否预热	首先进行预热
	被测车辆怠速是否稳定	
	被测车辆发动机工作是否正常	
测量时数字不变或有微弱变化	探头、采样管、过滤器用久堵塞	疏通、清洗
	气泵开关是否打开，气泵是否工作	

续表

常见故障现象	分析故障原因	处理方法
测量后数字回不到零点附近	探测器内有残留气体	开泵继续排气或调零
测量时转速值与实际转速值相差一倍	被测发动机点火次数和冲程数与仪器设置是否一致	在参数设置界面下转速设置一栏设置正确的点火次数和冲程数
打印机不出字或不工作	稳压电源是否输出 4.5～5V 电压、正负极是否正确	
	本地区电压是否稳定	
	打印机操作不当,打印纸是否用完	

注:经过上述检查,故障仍然存在请与本公司售后服务部联系。

5. 汽车排气污染物排放限值标准

根据《点燃式发动机汽车排气污染物排放限值及测量方法》(GB 18285—2005)的规定,汽车排气污染物排放限值标准如下列各表。

(1) 新生产汽车排气污染物排放限值 装用点燃式发动机的新生产汽车,型式核准和生产一致性检查的排气污染物排放限值见表 5-3-3。

表 5-3-3 新生产汽车排气污染物排放限值(体积分数)

车型	类别			
	急速		高急速	
	CO/%	HC/10^{-6}	CO/%	HC/10^{-6}
2005 年 7 月 1 日起生产的第一类轻型汽车	0.5	100	0.3	100
2005 年 7 月 1 日起生产的第二类轻型汽车	0.8	150	0.5	150
2005 年 7 月 1 日起生产的重型汽车	1.0	200	0.7	200

(2) 在用汽车排气污染物排放限值 装用点燃式发动机的在用汽车,排气污染物排放限值见表 5-3-4。

表 5-3-4 在用汽车排气污染物排放限值(体积分数)

车型	类别			
	急速		高急速	
	CO/%	HC/10^{-6}	CO/%	HC/10^{-6}
1995 年 7 月 1 日前生产的轻型汽车	4.5	1200	3.0	900
1995 年 7 月 1 日起生产的轻型汽车	4.5	900	3.0	900
2000 年 7 月 1 日起生产的第一类轻型汽车①	0.8	150	0.3	100
2001 年 10 月 1 日起生产的第二类轻型汽车	1.0	200	0.5	150
1995 年 7 月 1 日前生产的重型汽车	5.0	2000	3.5	1200
1995 年 7 月 1 日起生产的重型汽车	4.5	1200	3.0	900
2004 年 9 月 1 日起生产的重型汽车	1.5	250	0.7	200

注:对于 2001 年 5 月 31 号以后生产的 5 座以下(含 5 座)的微型面包车,执行此类在用排放限值。

(3) 过量空气系数(λ)的要求 对于使用闭环控制电子燃油喷射系统和三元催化转化器技术的汽车进行过量空气系数(λ)的测定。发动机转速为高急速转速时,λ 应在 1.00±

0.03 或制造厂规定的范围内。进行 λ 测试前，应按照制造厂使用说明书的规定预热发动机。

四、车轮动平衡机

1. 什么是车轮动平衡

汽车的车轮是由轮胎、轮毂组成的一个整体，但由于制造和使用（如轮胎磨损等）的原因，会使得这个整体各部分的质量分布不能非常均匀，当汽车车轮高速旋转时，就会形成动不平衡状态，造成车辆在行驶中出现车轮抖动、方向盘震动的现象。为了避免这种现象或是消除已经发生的这种现象，就要使车轮在动态情况下通过增加配重（铅块）的方法，使车轮校正各边缘部分的平衡。这个校正的过程就是人们常说的动平衡。

图 5-3-58　车轮动平衡机

2. 车轮动平衡机的认识

进行车轮动平衡就要用到车轮动平衡机。车轮动平衡机主要由驱动机构、转轴、机箱、制动装置、防护罩和附属装置（测量尺具、定位锥体组件、平衡块拆装钳等）等组成，其中在机箱上装有显示屏和控制面板，如图 5-3-58 所示。

3. 车轮动平衡机的使用

进行车轮动平衡通常遵循如下操作步骤：

（1）将轮胎充到合适的气压，去除轮辋上的铅块，将轮胎花纹沟里的石子剔除干净，将轮辋处理干净。

（2）将轮胎安装面朝内装上平衡轴，选择合适的定位锥体，用锁紧装置将轮胎锁紧，（椎体一定要对准中心孔，否则可能数据不准）。

（3）打开平衡机电源，拉出尺子测量轮辋距离平衡机的距离（图 5-3-59），并输入到第一个控制器（图 5-3-60 所示的为 7.2）。

图 5-3-59　测量平衡机到轮毂的距离

图 5-3-60　输入平衡机到轮毂的距离值

（4）把弯尺拿出，测量轮辋宽度（图 5-3-61），同样在第二个控制器上输入测量值（图 5-3-62 所示的为 7.5）。

（5）查看轮胎规格数据（图 5-3-63），在控制器上输入轮辋直径（图 5-3-64）。

（6）按下开始按键，平衡机开始带动轮胎旋转，测量开始（注意不要站在轮胎附近，以免发生危险），如图 5-3-65 所示。

图 5-3-61　测量轮辋宽度

图 5-3-62　输入轮辋宽度的测量值

图 5-3-63　查看轮辋直径（16 英寸）　　　　图 5-3-64　输入轮辋直径

图 5-3-65　进行动平衡测试

（7）检测完毕后，平衡机会自动停止，电脑会测量出轮辋内、外两侧需要增加的铅块重量，如图 5-3-66 所示。

（8）将轮胎旋转至平衡机一侧位置灯全亮（不同机型显示方式不同），在全亮这一侧的轮辋最高点也就是在 12 点钟的位置敲入相应质量的铅块，另一侧也是如此，如图 5-3-67 所示。

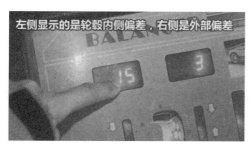
图 5-3-66 平衡机显示的测试结果

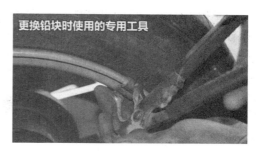
图 5-3-67 更换合适的铅块

（9）重复（6）以后步骤，直到平衡机显示为 0（5g 以下即可，因为没有 5g 以下的铅块，平衡机也不显示 5g 以下的不平衡量）。

（10）动平衡结束，取下轮胎。

五、四轮定位仪

1. 什么是四轮定位

四轮定位是以车辆的四轮参数为依据，通过调整以确保车辆良好的行驶性能并具备一定的可靠性。轿车的转向车轮、转向节和前轴三者之间的安装具有一定的相对位置，这种具有一定相对位置的安装叫做转向车轮定位，也称前轮定位。前轮定位包括主销后倾（角）、主销内倾（角）、前轮外倾（角）和前轮前束四项内容；对两个后轮来说也同样存在与后轴之间安装的相对位置，称后轮定位。后轮定位包括车轮外倾（角）和逐个后轮前束。前轮定位和后轮定位合称为四轮定位。

当车辆出现以下状况时，应进行四轮定位：

（1）车辆的行驶性能受到了影响，譬如车辆跑偏、转向后无法自动回正等。

（2）底盘及悬架使用磨损或因事故造成损伤时。

（3）轮胎出现异常磨损时。

2. 四轮定位仪的认识

四轮定位仪是从事汽车四轮定位的专用设备，如图 5-3-68 所示，四轮定位仪主要由主机柜和专用举升机两大部分组成。主机柜上包括有电脑主机（内置可升级车型定位数据资料的定位软件）、显示器、打印机、测量头（或称定位仪传感器）、机柜等；用于四轮定位的举升机有剪式，也有四柱式，但无论是哪种形式，都要具备二次举升功能，并且举升机上应装有转角盘和后滑板，或者预留出安装转角盘和后滑板的位置。

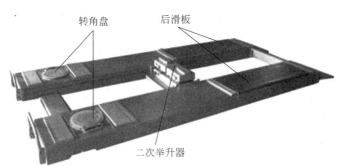

图 5-3-68 四轮定位仪的基本组成

为了确保四轮定位的可靠性和准确性，四轮定位仪一般还需配套如图 5-3-69 所示的附加设备。

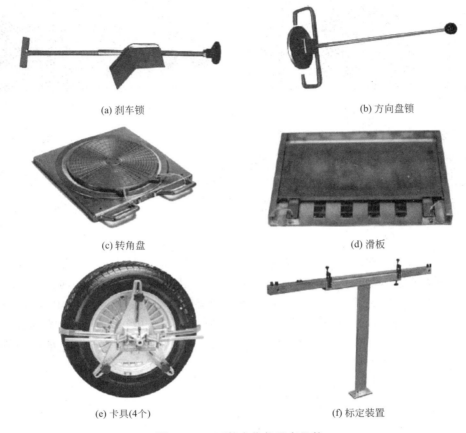

图 5-3-69 四轮定位仪配套组件

主要包括：刹车锁 1 把，用于压住刹车踏板；方向盘锁 1 把，用于固定方向盘位置；转角盘 2 个；后滑板 2 个；卡具 4 个，每个车轮 1 个，用于安装定位仪传感器；标定装置 1 个，由标定杆和 T 形标定架组成，用于对举升机台面水平位置进行修正，进而对传感器进行前束和外倾角标定。

3. 四轮定位仪的使用

四轮定位应遵循一定的流程进行操作，通常的操作基本工序参见图 5-3-70。

下面以百斯巴特四轮定位仪为例，具体介绍四轮定位仪的使用方法。

（1）检查举升机 在被测车辆开上举升机之前，应先检查举升机，确保举升机两个承载板的宽度与被测车辆的前、后轴距一致，然后将举升机降至最低点，确保转角盘和后滑板的固定销都插好。

（2）车辆开上举升机后检查

① 将被测车辆开上举升机。车辆在举升机上应处于正前方向，不要使车身歪斜。车辆的两前轮要落在两转角盘的中心上，同时转角盘的圆盘要均匀分布在轮胎的两侧；两后轮应停在后滑板中间部位。

② 车辆熄火后，将方向盘置于正中位置（且处于解锁状态），拉上手刹，摇下左前侧车窗玻璃，司机离开车辆，挡好车轮。

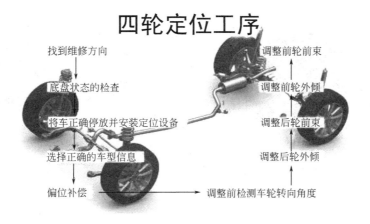

图 5-3-70　四轮定位基本工序

③ 检查所有车轮和轮胎应正确、尺寸相同。

④ 检查四个车轮的胎压达到标准胎压，同轴两侧轮胎花纹应一致，轮胎花纹深度足够。

⑤ 检查车轮钢圈是否过度变形损坏或腐蚀（必要时更换）。

⑥ 正确加载重量（如油箱应加满油，后备箱只装备胎等）。

⑦ 操作员需要分别用力弹压车身的前部和后部3次，以使车辆的悬挂复位。

（3）车辆底盘检查　升起车辆，逐项检查以下各项：

① 检查转向连接机构，转向球头应无松动，转向横拉杆应无弯曲和损坏，横拉杆胶套应无开裂，转向节应无损坏。

图 5-3-71　安装卡具

② 检查悬挂装置和轮轴，应无弯曲、漏油、松动、损坏。

③ 检查底座及其部件，应无变形、无松动。

（4）安装卡具　将举升机降低至低位适合操作的位置落锁。

如图5-3-71所示，安装四个车轮的定位仪传感器卡具。

（5）安装定位仪传感器　百斯巴特四轮定位仪的传感器结构如图5-3-72所示，主要由天线、CCD镜头、水平气泡、小键盘、通信电缆插口和转角盘电缆插口组成，对于无线式定位仪传感器的小键盘，如图5-3-73所示，其电池指示灯用于指示传感器电量的情况，当指示灯关闭时，表示电池电量正常，当指示灯闪烁时，表示电池电量低，当指示灯点亮时，表示正在充电。

如图5-3-74所示，将四个传感器按照对应车轮的位置安装到卡具上。注意：前轴车轮上的定位仪传感器小端指向车头前进方向，后轴车轮上的定位仪传感器小端指向与前轴传感器相反的方向。

分别连接四个定位仪传感器电缆，如图5-3-75所示，两根6.5m长的电缆是用来连接定位仪主机和两个前轮上的传感器，两个4.5m长的电缆是在前后传感器之间互相连接。

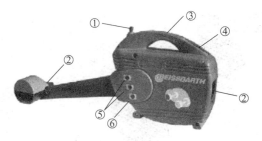 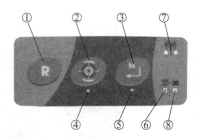

①天线　②CCD镜头　③水平气泡　④小键盘
⑤通信电缆插口　⑥转角盘电缆插口

图 5-3-72　定位仪传感器结构组成

①复位激活键　②钢圈偏位补偿键　③偏位补偿计算键
④偏位补偿指示灯　⑤计算键指示灯　⑥电源指示灯
⑦无线电收/发指示灯　⑧电池指示灯

图 5-3-73　传感器小键盘

(a) 安装前轴车轮的定位仪传感器　　(b) 安装后轴车轮的定位仪传感器

图 5-3-74　安装定位仪传感器

图 5-3-75　安装定位仪传感器通信电缆

启动传感器，传感器上的电源指示灯亮，按 R 键或相应的位置键激活各个传感器，将传感器调整水平后拧紧固定旋钮，水平气泡应处在大致中央的位置，如图 5-3-76 所示。

（6）信息录入　开机之后，系统会自动引导进入定位程序初始状态。

点击工具栏中指向右侧的绿色"前进"图标，进入"客户选择"界面。

① 输入登记表格：包含各项客户信息，可以任意选择要输入的项目，并且将来可以根据所输入的项目来调出此次测量结果数据。一般可以车辆牌照号或维修单编号来输入相应条目，以便将来调取。

② 填写好客户信息之后，点击"前进"图标，进入车型选择画面。在"车型资料来源"下拉菜单中列出了已安装的所有车型数据资料。用鼠标双击列表栏里所给出的待测车辆所属

的车型,则屏幕上会显示出选中车辆的标准车型数据。

③ 点击"前进"图标进入下一步,屏幕显示"车辆状况"画面。在此画面下可以输入待测车辆的各部分已知的存在的故障,用以在定位之前对车辆进行总体状况描述。

④ 点击"前进"图标可进入"准备工作"画面。准备工作的说明包括对举升机平台的要求,传感器的安装以及卡具的安装说明及注意事项。

(7) 偏位补偿　继续点击"前进"图标,进入"偏位补偿"画面,如图 5-3-77 所示,在此画面下可以进行钢圈偏位补偿的操作。偏位补偿是为了修正车轮钢圈变形量和卡具的安装偏差,以保证测量的准确性。

图 5-3-76　调整传感器水平位置并锁紧

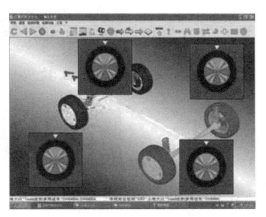

图 5-3-77　偏位补偿操作画面

① 偏位补偿准备工作

a. 拉紧手刹车,然后用二次举升器举升车辆前轴,使前轮高出检测平台约 6cm。转动方向盘使车辆大致处于正前打直方向。

b. 在偏位补偿过程中请勿转动方向盘。

c. 松开卡具上用来固定传感器销的紧固螺栓,使传感器能自由转动。

d. 在偏位补偿过程中,应保持传感器处于大致水平的状态。

操作说明:偏位补偿对车轮的顺序没有要求,可以先对悬空车轮中的任意一个车轮进行偏位补偿,也可对两个悬空的车轮同时进行偏位补偿。如果二次举升器可使车辆的四个车轮同时悬空,则四个车轮可同时进行偏位补偿。

② 偏位补偿操作步骤

a. 左前轮偏位补偿　转动左前轮,使快速卡具的三个卡爪之一指向正上方。参照水平气泡把传感器大致调水平,然后按一下传感器面板上的偏位补偿键,等待偏位补偿灯闪亮。

偏位补偿灯熄灭之后,屏幕上的左前轮图标会有一块变为绿色,按照车轮行驶的方向把车轮大致转动 90°。把传感器调成水平状态,按一下偏位补偿键,等待偏位补偿灯闪亮。

偏位补偿灯熄灭之后,屏幕上的车轮图标会有两块变为绿色。按照车轮行驶的方向把车轮再转动 90°,此时卡具卡爪转过 180°。把传感器调成水平状态,按一下偏位补偿键,等待偏位补偿灯闪亮。

偏位补偿灯熄灭之后,屏幕上的车轮图标会有三块变为绿色。按照车轮行驶的方向把车轮再转动 90°,此时卡具卡爪转过 270°。把传感器调成水平状态,按一下偏位补偿键,等待偏位补偿灯闪亮。

偏位补偿灯熄灭之后，车轮图标圆环上的所有四个部分都变成绿色了。按照车轮行驶的方向把车轮再转动 90°，使卡具卡爪重新回到起始位置，卡爪指向正上方。

把左前传感器调成水平状态，然后拧紧卡具上紧固传感器销的螺栓。按下传感器上的偏位补偿计算键。相应的偏位补偿计算灯会闪亮。

屏幕上左前轮的图标上会出现偏位补偿的最大数值，并用黄色指针指示出最大偏位补偿量出现的位置，如图 5-3-78 所示。

图 5-3-78　偏位补偿数值画面

b. 右前轮偏位补偿　用同样的方法，对右前轮做偏位补偿。

c. 前轮复位　右前轮偏位补偿完成之后，把左右前轮恢复到按偏位补偿计算键时车轮所处的位置，放下前轴。注意：车轮落回转角盘之后，前轮位置仍应当保留在按偏位补偿计算键时车轮所处的位置。

晃动车辆前部，放松车辆前部悬挂。

d. 后轮偏位补偿　用二次举升器顶起车辆的后轴，对两后轮进行偏位补偿，操作方法与前轴车轮相同。

四个车轮的偏位补偿数据得到之后，点击屏幕上的"前进"图标进入下一步操作。程序会自动记录此偏位补偿数据用于修正测量数据，不需要用户做任何操作。

（8）调整前检测　在开始进行调整前检测操作之前，先安装好刹车锁，以保证后倾角和主销内倾角的准确测量。

① 正前打直　转动方向盘，使白色箭头对到半圆形区中央黑线处。应尽可能把方向对准到中央黑线位置，以得到更高的测量精度。图 5-3-79 所示的为对中方向之后的屏幕显示。

一旦正前打直方向之后，屏幕提示会提醒操作员安装刹车锁，然后程序就会检查传感器是否处于水平状态。如果有传感器不水平，则屏幕上就会出现水平气泡状态的提示画面（图 5-3-80），提示操作员对不水平的传感器进行水平调整。当所有传感器都处于水平状态之后，程序就会自动进入后轴数据测量步骤。

② 20°转向操作　依照屏幕图标提示（图 5-3-81），向左侧转动方向盘，直到方向对中中央黑线位置。然后再依照屏幕白色箭头所示，向右侧转动方向盘，直到方向对中中央黑线位置。接着由程序引导进入正前打直操作，方向对中之后，屏幕上就会显示出调整前检测所测量出的前轮前束值，参见图 5-3-82。

③ 测量最大总转角　点击"前进"图标，进入"最大总转角"检测画面。

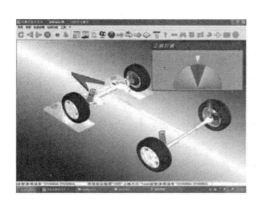
图 5-3-79　对中方向的画面

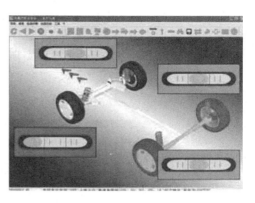
图 5-3-80　水平气泡状态提示画面

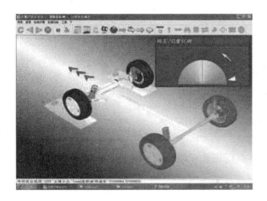
图 5-3-81　提示转动方向画面

图 5-3-82　调整前前轮前束值画面

如图 5-3-83 所示，依照白色箭头提示，将方向盘打到使车轮处于正前打直位置。当白色箭头处于最右侧时，向左将方向盘打到尽头并保持住方向盘位置以等待测量完成。

之后，白色箭头会转到最左侧，再向右将方向盘打到尽头并保持住方向盘位置以等待测量完成。

依照白色箭头提示，将方向盘打到使车轮回到正前打直状态。

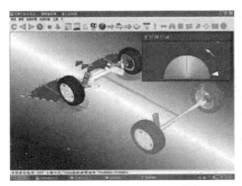 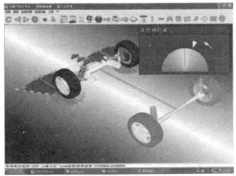

图 5-3-83　依照提示打方向盘画面

④ 调整前检测报告　之后，屏幕上自动出现调整前检测的检测数据报告，如图 5-3-84 所示。

所有测量值都列在"调整前检测"一栏下，在此栏中，绿色测量值表示该值处于合格范围之内,红色表示该测量值在合格范围之外,黑色表示制造厂商未对该测量值规定合格范围。

"Targetdata"一栏是汽车制造厂商所规定的合格数值。中括号之内的数据是合格范围的中心值,中括号左右两边是公差范围。例如:$-0°30'$ $[-1°30']$ $+0°30'$,其所代表的合格范围是$-1°$到$-2°$。

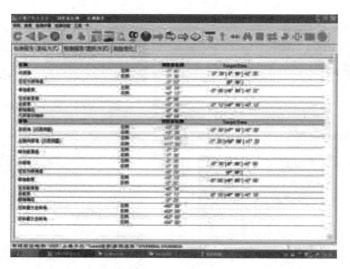

图 5-3-84　调整前的检测数据报告画面

(9) 定位调整　点击"前进"图标,进入"定位调整"操作。

① 打直方向　定位调整的第一步是使车辆处于正前打直方向,如图 5-3-85 所示。之后,检查方向盘是否处于水平状态。如果方向盘完全水平,则可直接在此位置下安装方向盘锁;如果方向盘不水平,则需要把方向盘调整到完全水平的状态,然后安装刹车锁。

② 调整后轮外倾角和前束(如果可调)　安装好刹车锁之后,把车辆举升到定位调整的高度。

如果后轴车轮定位数据不合格需要调整,并且该定位数据是可调整的话,则可在图 5-3-86 所示的画面下调整后轮的外倾角和前束。否则按"前进"图标进入下一步,程序进入"调整前轴后倾角"画面。

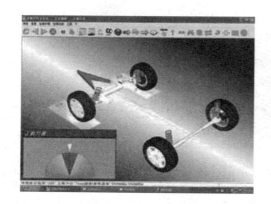

图 5-3-85　正前打直方向画面

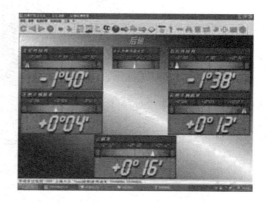

图 5-3-86　调整后轮外倾角和前束画面

③ 调整前轴后倾角(如果可调)　如果前轴车轮的后倾角可调整,则可在如图 5-3-87 所

示的画面下调整前轮的后倾角。否则按"前进"图标进入下一步,程序进入"前轮外倾角和前束调整"画面,如图 5-3-88 所示。

图 5-3-87 调整前轴后倾角画面

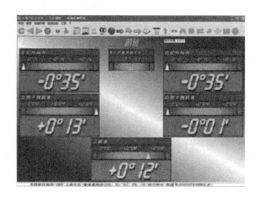

图 5-3-88 调整前轮外倾角和前束画面

④ 调整前轮外倾角和前束　前轮外倾角和前束的调整顺序是先调整外倾角,再调整前束,因为外倾角的调整会影响前束的数值。

车轮外倾角的调整方式一般有两种:第一种是不必举升车辆前轮就直接调整外倾角,第二种是举升车辆前轮至悬空,调整外倾角。

对于第一种情况,在"前轴"(图 5-3-88)画面下可直接调整外倾角,然后再调整前束。

如果需要举升车辆前轴来调整外倾角,则可按下列步骤进行操作:

点击工具栏中的竖直向上的箭头"举升车辆"图标(或按键盘上的 F7 键),则屏幕给出举升车辆提示框,如图 5-3-89 所示。此时应当用二次举升器把车辆前轴平稳顶起至前轮悬空状态。然后点击提示框中的"OK"图标。屏幕显示出外倾角顶升悬空调整画面,如图 5-3-90 所示。

在图 5-3-90 所示的画面下调整左右两侧的前轮外倾角。当外倾角的数值都达到合格范围之后,点击工具栏中的红色"退出"图标。

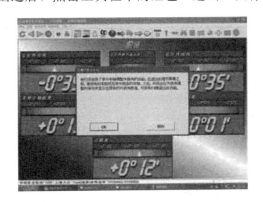

图 5-3-89 举升调整前轮外倾角画面

图 5-3-90 外倾角顶升悬空调整画面

此时屏幕显示如图 5-3-91 所示的结束顶升调整的提示框,这时再放下二次举升器,使两前轮回到转角盘上。然后上下拉动副车架几次,以使车辆前悬挂回位。再点击提示框中的"OK"图标。

程序重新返回"前轴检测数据"画面,如图 5-3-92 所示。如果外倾角数值是合格的,则可继续调整前束。如果外倾角仍不合格,则需重新举升前轴调整外倾角操作,直至外倾角

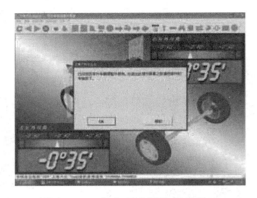 

图 5-3-91　结束顶升调整提示画面　　　　图 5-3-92　前轴检测数据画面

数据合格。

外倾角调整结束后，可接着调整前束。

前轴外倾角和前束调整结束之后，点击工具栏中的红色"退出"图标结束定位调整操作。

程序返回"常规调整"画面，接着可进行调整后检测。

（10）调整后检测　选择"调整后检测"图标，如图 5-3-93 所示，就可进入调整后检测操作步骤。调整后检测的操作流程与调整前检测完全相同，可依照屏幕操作引导完成调整后检测。

调整后检测完成之后得到的检测报告即为最终的检测报告，如图 5-3-94 所示。此报告的最右侧一列数据就是调整后的车辆实际定位数据。

通常还可以看到用图形方式显示的调整后车辆的四轮定位数据。

点击工具栏内的"打印机"图标即可打印出完整的四轮定位检测调整报告。

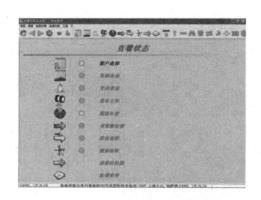 

图 5-3-93　"调整后检测"选择画面　　　　图 5-3-94　最终检测数据画面

课后练习题

1. 操作练习：正确使用冰点密度计测试冷却液冰点、蓄电池电解液密度。

2. 操作练习：正确使用红外测温仪测试空调出风口温度。
3. 操作练习：正确使用尾气分析仪测试车辆尾气并进行分析。
4. 操作练习：正确进行车轮动平衡操作。
5. 操作练习：正确进行车辆的四轮定位操作。

参 考 文 献

王怀建. 汽车维修常用工具及设备使用. 北京：机械工业出版社，2009.